中国科学技术协会统计年鉴

STATISTICAL YEARBOOK

2004

中国科学技术协会 编

CHINA ASSOCIATION FOR SCIENCE AND TECHNOLOGY

中国统计出版社
China Statistics Press

(京)新登字 041 号

图书在版编目(CIP)数据

中国科学技术协会统计年鉴 2004/中国科学技术协会编.
—北京:中国统计出版社,2004.9
ISBN 7-5037-4510-X

Ⅰ.中…
Ⅱ.中…
Ⅲ.中国科学技术协会—统计资料—2004—年鉴
Ⅳ.G322.25—54

中国版本图书馆 CIP 数据核字(2004)第 091025 号

中国科学技术协会统计年鉴—2004

作　　者/中国科学技术协会
责任编辑/徐　辉
封面设计/艺编广告·张　冰
出版发行/中国统计出版社
通信地址/北京市西城区月坛南街 75 号　邮政编码/100826
办公地址/北京市丰台区西三环南路甲 6 号
E—mail/yearbook@stats.gov.cn
电　　话/(010)63459084、63266600—22500(发行部)
印　　刷/科伦克三莱印务(北京)有限公司
经　　销/新华书店
开　　本/880×1230mm　1/16
字　　数/280 千字
印　　张/12.5
印　　数/1—2000 册
版　　别/2004 年 9 月第 1 版
版　　次/2004 年 9 月北京第 1 次印刷
书　　号/ISBN 7-5037-4510-X/G·147
定　　价/65.00 元

《中国科学技术协会统计年鉴—2004》编辑委员会

《中国科学技术协会统计年鉴—2004》编辑部

编印说明

一、《中国科学技术协会统计年鉴—2004》是一本反映各级科协及所属团体事业发展情况的资料性年刊。年鉴收录了2003年中国科协(仅指中国科协机关和直属单位,下同)、31个省级科协、394个地级科协、2607个县级科协和167个全国性学会、2936个省级学会的机构设置、经费收支和主要业务活动等方面的统计数据。

二、全书内容分为10个部分,即:1.综合;2.组织、机构和人员;3.经费筹集和使用;4.境内学术交流;5.科学技术普及;6.民间国际科技交流;7.社会、科技服务;8.科技传媒;9.青少年科技教育专题;10.中国科学技术协会2003年事业发展统计公报。各部分前编有《简要说明》,对本篇章的主要内容、资料来源、统计方法及指标变动情况作简要说明,另附有《主要指标解释》。

三、本年鉴各项统计数据均未包括香港、澳门特别行政区和台湾省数据。

四、年鉴中以"学会"统称各类学会、协会、研究会。

五、年鉴第二部分至第九部分中地级科协的数据均不含省会城市科协和计划单列市科协数据。

六、年鉴第二部分至第八部分的全国性学会、省级同名学会表中,有学会名称一行的数据为全国性学会数据,下一阴影行的数据为各省级同名学会数据合计。

七、年鉴表中的符号"—"表示该项统计指标数据不详或无该项数据;"#"表示其中的主要项;"*"表示表下另有注释。

八、年鉴资料来源于年度综合统计报表。统计数据采集方式为分级填报,所有数据均来自基层报表单位;数据汇总方式为逐级汇总。年度综合统计报表工作由中国科协计划财务部统一组织。年度综合统计报表数据汇总委托湖北省科协信息中心完成,全国性学会数据汇总委托中国科协信息中心完成。为提高数据质量,对所有数据均进行了审验。

九、本年鉴增加了上年数据,以供对比。

目　　录

五、科学技术普及

六、民间国际科技交流

七、社会、科技服务

一、综 合

简要说明

本部分的指标是从各部分提取或经过简单加总后获得的指标，旨在总体反映科协系统的组织、经费和主要业务活动的概况。

主要指标解释

独立建制单位数 指全国独立建制的科协数，区别于合署办公的科协。

从业人员 包括在科协机关、学会办事机构及直属单位工作的在编和连续工作一年以上的非在编人员。其计算方法为:

从业人员=各级科协机关从业人员+各级科协直属单位从业人员+学会从业人员

经费筹集总额 指单位从各种渠道筹集的用于人员、公用和开展业务活动的经费。

由于各级科协之间、各级学会之间、科协与学会之间存在拨款、资助和委托等关系，经费筹集额有部分重复。

境内举办学术交流活动 包括中国科协、省级科协、计划单列市科协、省会城市科协、全国性学会、省级学会在境内（不含港、澳、台地区，下同）举办的国内学术会议、国际学术会议、双边学术会议、同港、澳地区学术会议、海峡两岸学术会议和同港、澳、台地区学术会议；计划单列市科协、省会城市科协除外的地级科协和县级科协在境内举办的学术交流活动。

举办科普讲座/展览/宣传 指单位单独或牵头组织的、面向公众以科学技术普及为目的的专题讲座/展览/宣传。在综合性科普活动（例如科技月、节、之冬、日）期间组织的各项活动均分别按专题进行统计，每个专题统计为一次。

接待国外及港、澳、台地区来访科技团组 指单位单独或牵头接待的、来境内参加会议、展览或技贸活动、夏冬令营、合作研究、培训和访问考察的国外和港、澳、台地区科技团组。

派往国外及港、澳、台地区科技团组 指单位单独或牵头派往国外和港、澳、台地区参加会议、展览或技贸活动、夏冬令营、合作研究、培训和访问考察的团组。一个出国任务批件（一个项目）统计为一个团组。

派出总人数 指所有派出团组的派出人数（按出国任务批件批准的人数计算，包括外单位人员）与本单位参加外单位派出团组的出国人数之和。

完成技术咨询合同 指报告期内已经完成结算的合同，尚未结算的合同不统计。

反映科技建议 指以书面形式正式向同级或上级党和政府及有关部门反映的经济建设、社会和科技发展、科技团体和个人权益保障等方面的意见和建议。

举办培训班 指单位针对特定群体开展的为期一周以上并颁发结业证书的各类培训班。农函大培训情况另外统计。

主办科技期刊 指单位主办的学术期刊、科普期刊、综合期刊、技术期刊和检索期刊。只统计已在新闻出版机构注册登记，有正式刊号或内部准印证并由本单位直接主办、负责编辑的期刊，不包括各类内部刊物。

科技期刊发行量 指各种科技期刊每期印数与发行期数乘积的总和。

主办科技报纸 指单位主办的面向社会公开发行的科技综合类、信息类、普及类和专业技术类报纸。只统计已在新闻出版机构注册登记，有正式报刊登记证，由本单位直接主办、负责编辑的科技报纸。

科技报纸发行量 指各种科技报纸每期份数与发行期数乘积的总和。

编著科技图书 指单位组织编著的科技综合类、信息类、普及类、专业技术类和专著等图书。只统计已在新闻出版机构登记、有正式刊号的科技图书。

1—1 2003年科协系统

指标	总计		科协小计		中国科协		省级
	2002	2003	2002	2003	2002	2003	2002
机构和人员							
实有机构(个)	6969	6988	3194	3207	1	1	31
#独立建制(个)	—	—	2233	2210	1	1	31
从业人员(人)	44933	48527	33571	34015	1575	1391	6214
学会个人会员(万人)	—	—	—	—	—	—	—
经费							
经费筹集总额(百万元)	2537	2650	1793	1943	401	389	695
#同级财政补助收入	—	—	1126	1342	208	200	310
学术交流							
境内举办学术交流活动(次)	22649	23862	10946	13307	33	38	199
参加人数(万人次)	306.21	323.05	175.60	213.67	1.66	1.16	3.77
科学技术普及(经常性科普活动)							
举办科普讲座(次)	89691	101921	76662	86216	378	132	864
听讲人数(万人次)	2800.19	2483.75	2515.59	2200.98	18.53	7.78	49.95
举办科普展览(次)	32178	29172	23114	26004	31	61	415
参观人数(万人次)	5969.81	6072.53	5092.83	5502.80	190.45	152.00	339.27
举办科普宣传(次)	42019	51126	37429	46336	15	42	682
组织工作人员(万人次)	92.11	79.78	66.97	74.00	0.08	0.08	0.88
举办青少年科技竞赛(次)	9377	5735	8796	5125	3	2	153
参加人数(万人次)	2373.49	2950.45	1804.34	2211.96	0.12	0.18	653.60
举办青少年科技夏冬令营(次)	2245	1804	1705	1462	2	0	169
参加人数(万人次)	143.46	150.33	137.22	146.35	0.01	0	6.62
科学技术普及(科技周活动)							
举办科普讲座(次)	15081	15725	15081	15725	48	0	485
听讲人数(万人次)	437.62	634	437.62	634.00	0.50	0.00	18.65
举办科普展览(次)	13709	12564	13709	12564	20	1	224
参观人数(万人次)	2683.89	2502.90	2683.89	2502.90	15.00	0.70	145.47
举办科普宣传(次)	15099	17268	15099	17268	2	0	278
组织工作人员(万人次)	47.28	68.92	47.28	68.92	0.25	0.00	0.83

综合统计数据

科协	地级科协		县级科协		学会小计		全国性学会		省级学会	
2003	2002	2003	2002	2003	2002	2003	2002	2003	2002	2003
31	396	396	2766	2779	3775	3781	167	167	3608	3614
31	359	341	1842	1837	—	—	—	—	—	—
6372	9155	9297	16627	16955	11362	14512	1840	1958	9522	12554
—	—	—	—	—	—	—	394	387	396	400
678	403	457	294	419	744	707	377	332	367	375
369	353	398	255	375	—	—	—	—	—	—
291	3424	4847	7290	8131	11703	10555	2613	2316	9090	8239
8.10	56.48	64.66	113.69	139.75	130.62	109.38	33.06	29.14	97.56	80.24
809	15193	14718	60227	70557	13029	15705	1135	1166	11894	14539
29.27	253.90	296.73	2193.21	1867.20	284.60	282.77	29.14	31.58	255.46	251.19
617	4747	5031	17921	20295	9064	3168	206	197	8858	2971
305.15	1312.95	1085.54	3250.16	3960.11	876.98	569.73	95.49	55.35	781.49	514.38
798	9660	8344	27072	37152	4590	4790	610	635	3980	4155
0.77	10.84	11.52	55.17	61.63	25.14	5.78	0.50	1.36	24.64	4.42
149	3107	1512	5533	3462	581	610	29	46	552	564
506.16	607.37	904.54	543.25	801.08	569.15	738.49	183.34	192.17	385.81	546.32
70	570	499	964	893	540	342	48	57	492	285
1.36	7.76	126.44	122.83	18.55	6.24	3.98	0.59	0.62	5.65	3.36
141	3465	2960	11083	12624	—	—	—	—	—	—
200.12	140.81	119.61	277.66	314.27	—	—	—	—	—	
118	1894	2427	11571	10018	—	—	—	—	—	—
160.72	1054.54	513.32	1468.88	1828.16	—	—	—	—	—	—
122	3386	3516	11433	13630	—	—	—	—	—	—
0.16	4.20	34.01	42.00	34.75	—	—	—	—	—	—

1—1续表

指标	总计		科协小计					
					中国科协		省级	
	2002	2003	2002	2003	2002	2003	2002
科学技术普及(科技下乡活动)							
组织科技下乡次数(次)	53382	47216	48912	41159	2	3	444
举办科普讲座(次)	37528	45040	33628	38471	150	10	445
听讲人数(万人次)	1030.21	1261.57	935.77	1125.57	9.00	0.61	8.98
举办科普展览(次)	17400	19528	16797	18945	10	26	285
参观人数(万人次)	3248.93	3445.73	3131.41	3367.87	7.00	33.70	195.77
举办科普咨询(次)	120002	89183	111526	85231	110	0	532
组织工作人员(万人次)	76	46.55	71.90	44.79	0.03	0.00	0.28
民间国际科技交流							
接待国外及港、澳、台地区来访科技团组(个)	2426	2418	232	221	71	54	161
接待总人数(人次)	20017	19096	2103	1755	565	646	1538
派往国外及港、澳、台地区科技团组(个)	1635	1683	382	322	174	138	208
派出总人数(人次)	14820	12921	4262	2698	2600	1245	1662
社会、科技服务							
"金桥工程"本年完成数(项)	10169	9509	10169	9509	0	240	2295
完成技术咨询合同(项)	51937	56686	40915	48776	3	0	9471
反映科技建议(项)	45463	32455	20890	20312	1	133	244
举办培训班(次)	72743	74977	61787	64303	185	71	1305
培训人数(万人次)	1442.19	1313.67	1349.76	1181.67	0.98	1.01	8.20
科技传媒							
主办科技期刊(种)	2143	2145	71	82	10	14	61
发行量(万册)	12155.86	10500.07	1557.08	2544.16	225.42	277.95	1331.66
主办科技报纸(种)	125	102	34	37	1	1	33
发行量(万份)	28810.5	25961.2	12132.20	16249.5	576.00	3.20	11556.20
编著科技图书(种)	2161	1957	1232	955	526	21	227
发行量(万册)	1928.00	1341.75	1505.32	882.58	630.50	14.25	645.46

科协	地级科协		县级科协		学会小计		全国性学会		省级学会	
2003	2002	2003	2002	2003	2002	2003	2002	2003	2002	2003
588	8913	5564	39553	35004	4470	6057	172	471	4298	5586
269	5542	6350	27491	31842	3900	6569	372	328	3528	6241
10.36	120.56	163.13	797.23	951.47	94.44	136.00	7.46	7.90	86.98	128.10
442	3117	2432	13385	16045	603	583	54	11	549	572
174.46	757.96	718.82	2170.68	2440.89	117.52	77.86	8.88	2.55	108.64	75.31
456	9348	10783	101536	73992	8476	3952	269	270	8207	3682
0.83	8.89	5.63	62.70	38.33	3.70	1.76	0.24	0.07	3.46	1.69
167	—	—	—	—	2194	2197	731	669	1463	1528
1109	—	—	—	—	17914	17341	6819	6985	11095	10356
184	—	—	—	—	1253	1361	434	444	819	917
1453	—	—	—	—	10558	10223	4448	4065	6110	6158
1754	3117	3265	4757	4250	—	—	—	—	—	—
11998	23963	27781	7478	8997	11022	7910	183	268	10839	7642
377	3909	3864	16736	15938	24573	12143	129	385	24444	11758
1613	7776	8490	52521	54129	10956	10674	1113	1002	9843	9672
8.19	100.23	109.96	1240.35	1062.51	92.43	132.00	11.27	12.65	81.16	119.35
68	—	—	—	—	2072	2063	740	873	1332	1190
2266.21	—	—	—	—	10598.78	7955.91	7410.61	5169.13	3188.17	2786.78
36	—	—	—	—	91	65	10	14	81	51
16246.30	—	—	—	—	16678.3	9711.7	2800.50	3275.60	13877.80	6436.10
289	228	223	251	422	929	1002	241	223	688	779
431.04	121.42	178.59	107.94	258.70	422.68	459.17	81.40	118.51	341.28	340.66

二、组织、机构与人员

简要说明

一、本篇包括中国科协及所属全国性学会、省级科协及所属省级学会、地级科协、县级科协的组织体系、机构和直属单位设置以及从业人员的基本情况。

二、本篇统计资料由三部分组成：（一）中国科协、省级科协、计划单列市科协、省会城市科协组织、机构与人员。主要指标有：机关内设机构及从业人员、直属单位及从业人员、所属学会、企业科协及个人会员、大专院校科协及个人会员等。（二）地级科协（计划单列市科协、省会城市科协除外）、县级科协组织、机构与人员。主要指标有：机关内设机构及从业人员、直属单位及从业人员、街道科普协会及从业人员、乡镇科普协会及从业人员、所属学会及个人会员和从业人员、农技协及个人会员等。（三）全国性学会、省级学会组织、机构与人员。主要指标有：理事会理事、专门工作委员会、所属分科学会、个人会员、单位会员、学会从业人员等。

三、由于全国性学会和省级学会的个人会员数有重复，本表不给出个人会员总计。

四、近年来，学会陆续对个人会员进行重新登记，因此个人会员指标数值年度之间存在较大波动。

主要指标解释

机关内设机构　指科协机关内部设置、不具有独立法人资格的一级机构。其中科普机构是指机关内设机构中主要从事科普管理工作的机构。

直属单位　指由本单位主办并直接领导的，经工商行政管理部门登记具有独立法人资格的企业，和经编制管理部门批准的事业单位（不含其下属的企事业单位）。其中的科普单位包括报纸、杂志、图书、音像出版等出版单位；农函大分校、青少年科技活动中心、科技馆等教育培训单位；科普研究单位等。

从业人员　指在本单位工作、并领取工资或劳动报酬的在编和连续工作一年以上的非在编人员。

科普从业人员　指科普机构（单位）中的从业人员和非科普机构（单位）中主要从事科普工作的人员（例如科普网站的管理和维护人员）。

所属学会　指在民政部门登记、经科协正式审批接纳的年末在册学会、协会、研究会的总数（各类农技协另计）。

农技协　指在民政部门登记、经科协正式审批接纳的农村专业技术协会和在科协登记备案的各类农村专业技术研究会。

理事会理事　指经会员代表大会选举产生的学会理事。

所属分科学会　指学会按专业划分的专业委员会、专业分会或专业组，不含工作委员会和地方分会。

高级（资深）会员　按各学会章程所规定的高级会员或资深会员的标准填报。

学会从业人员　指在学会及其直属单位中工作、并领取工资或劳动报酬的在编和连续工作一年以上的非在编人员。

2—1 中国科协、省级科协、计划单列市科协、省会城市科协组织、机构与人员汇总

指标	合计		中国科协		省级科协		计划单列市科协		省会城市科协	
	2002年	2003年	2002年	2003年	2002年	2003年	2002年	2003年	2002年	2003年
机关内设机构（个）	366	357	8	9	198	199	20	18	140	131
＃科普机构	75	77	1	1	36	38	7	7	31	31
机关从业人员（人）	2079	2123	159	149	1234	1232	93	104	593	638
＃女性从业人员	680	710	67	60	401	399	28	28	184	223
＃科普从业人员	343	372	18	19	203	203	25	25	97	125
直属单位（个）	371	364	26	25	242	237	18	16	85	86
＃科普单位	182	175	9	9	133	127	10	7	30	32
直属单位从业人员（人）	7428	7685	1416	1242	4980	5140	248	266	784	1037
＃女性从业人员	3087	3204	627	553	2032	2067	98	127	330	457
＃科普从业人员	4024	3906	568	499	2894	2857	181	199	381	351
所属学会（个）	5452	5679	167	167	3608	3614	328	388	1349	1510
企业科协（个）	3691	5895	0	0	2490	4578	229	250	972	1067
个人会员（人）	1583833	1970435	0	0	883107	1309018	95804	102836	604922	558581
大专院校科协（个）	137	207	0	0	81	150	14	15	42	42
个人会员（人）	137361	187144	0	0	103644	156628	7943	8405	25774	22111

2—2 地级科协、县级科协组织、机构与人员汇总

指　　标	合　计		地级科协		县级科协	
	2002 年	2003 年	2002 年	2003 年	2002 年	2003 年
独立建制的科协（个）	2169	2146	327	309	1842	1837
机关从业人员（人）	17123	17641	3977	3926	13146	13715
#女性从业人员	4517	4699	1154	1161	3363	3538
直属单位（个）	1293	1271	552	534	741	737
直属单位从业人员（人）	6941	6566	3460	3326	3481	3240
#女性从业人员	2877	2866	1377	1347	1500	1519
街道科普协会（个）	5395	6132	342	359	5053	5773
从业人员（人）	14137	18935	514	841	13623	18094
乡镇科普协会（个）	33204	33794	574	598	32630	33196
从业人员（人）	140591	132773	936	1299	139655	131474
所属学会（个）	46209	45048	10633	11210	35576	33838
从业人员（人）	277822	233677	39756	57779	238066	175898
个人会员（人）	7364155	7311195	3304590	3244447	4059565	4066748
农技协（个）	92306	99486	9930	17671	82376	81815
个人会员（人）	6574512	7294259	619457	1191692	5955055	6102567

2—3 全国性学会、省级学会组织、机构与人员汇总

指　　标	合　计		全国性学会		省级学会	
	2002年	2003年	2002年	2003年	2002年	2003年
理事会理事（人）	176586	183698	21097	21549	155489	162149
#常务理事	62155	65306	6040	6327	56115	58979
#女性理事	17284	19509	1649	1869	15635	17640
专门工作委员会（个）	8390	8721	848	876	7542	7845
#科普工作委员会	1590	1526	129	136	1461	1390
所属分科学会（个）	14963	15468	2324	2323	12639	13145
个人会员（人）			3939221	3868537	3957573	3999144
#女性会员			885720	899522	1086843	1180339
#高级(资深)会员			168846	233909	482875	603208
学生会员			12382	26364	21049	28553
#外籍会员			887	532	679	693
港、澳、台会员			1461	1204	398	1084
#交纳会费会员			352701	429067	592228	695714
单位(团体)会员（个）	154587	135150	22766	25851	131821	109299
学会从业人员（人）	11362	14512	1840	1958	9522	12554

2—4 各省级科协组织、

省份	机关内设机构（个）	#科普机构	机关从业人员（人）	#女性从业人员	#科普从业人员	直属单位（个）	#科普单位
合计	**199**	**38**	**1232**	**399**	**203**	**237**	**127**
北京	6	2	44	20	12	12	8
天津	8	1	57	20	6	14	3
河北	8	1	39	14	5	8	7
山西	6	1	41	8	7	6	6
内蒙古	5	1	37	16	7	5	3
辽宁	6	1	44	14	6	6	4
吉林	8	1	37	9	7	10	3
黑龙江	6	1	39	10	4	7	2
上海	7	1	59	24	8	9	4
江苏	7	1	47	11	7	14	5
浙江	5	1	40	13	8	7	4
安徽	6	1	31	10	6	7	4
福建	7	1	40	12	6	10	5
江西	6	1	34	8	6	5	3
山东	7	2	37	7	4	5	2
河南	5	2	32	13	9	10	6
湖北	9	1	44	13	7	9	6
湖南	5	1	41	17	7	11	3
广东	6	1	41	14	5	6	4
广西	5	1	35	16	5	7	6
海南	6	1	39	14	6	3	1
重庆	8	4	54	18	25	9	9
四川	8	1	43	14	6	12	5
贵州	7	1	34	10	4	5	4
云南	8	1	42	17	5	9	3
西藏	3	1	19	7	4	0	0
陕西	8	1	46	15	6	10	6
甘肃	6	1	42	12	0	6	2
青海	5	1	33	6	0	2	2
宁夏	5	1	18	4	1	5	2
新疆	7	2	43	13	14	8	5

机构与人员

直属单位从业人员（个）	#女性从业人员	#科普从业人员	所属学会（个）	企业科协		大专院校科协	
				个数（个）	个人会员（人）	个数（个）	个人会员（人）
5140	**2067**	**2857**	**3614**	**4578**	**1309018**	**150**	**156628**
235	99	165	143	178	78903	10	3615
141	67	21	149	328	42500	0	0
169	66	135	114	371	154620	0	0
254	133	189	123	257	173167	0	0
87	40	81	74	0	0	0	0
186	89	36	153	710	250000	60	18000
147	44	7	98	0	0	0	0
159	60	76	152	496	50000	0	0
314	148	135	172	92	28877	2	8456
137	53	60	123	4	2000	19	20000
82	30	43	144	28	8700	0	0
137	41	95	144	0	0	0	0
177	74	117	129	0	0	0	0
94	44	78	108	120	42568	1	1000
184	53	0	132	1087	117860	0	0
398	148	180	126	0	0	0	0
159	72	126	127	24	9230	13	11560
343	119	134	119	238	238000	14	80000
237	104	71	151	0	0	0	0
125	47	121	100	120	15400	9	5000
31	9	2	80	10	1000	0	0
461	168	448	92	192	28800	11	3500
141	59	57	96	0	0	0	0
50	30	43	135	106	37737	1	120
159	67	89	126	0	0	1	1000
0	0	0	58	1	520	3	1830
118	41	89	134	183	25890	3	9
100	35	49	58	0	0	1	38
66	25	66	63	0	0	0	0
75	28	18	80	33	3246	0	0
174	74	126	111	0	0	2	2500

2—5 各计划单列市科协、省会城市

城市	机关内设机构（个）	#科普机构	机关从业人员（人）	#女性从业人员	#科普从业人员	直属单位（个）	#科普单位
合计	**149**	**38**	**742**	**251**	**150**	**102**	**39**
计划单列市小计	18	7	104	28	25	16	7
宁波	3	1	18	6	4	4	1
厦门	4	1	17	4	3	2	0
深圳	5	3	7	3	7	1	1
青岛	1	1	33	11	5	5	4
大连	5	1	29	4	6	4	1
省会城市小计	131	31	638	223	125	86	32
石家庄	5	1	18	4	3	2	0
太原	6	1	20	7	4	2	2
呼和浩特	5	1	18	6	3	2	0
沈阳	7	1	28	25	2	7	0
长春	7	1	14	4	2	1	0
哈尔滨	7	4	28	10	16	4	4
南京	5	1	38	11	8	3	1
杭州	4	1	27	11	5	4	1
合肥	4	1	13	5	3	2	1
福州	5	1	20	5	4	6	5
南昌	5	1	26	7	13	2	2
济南	7	1	27	10	4	5	2
郑州	5	1	22	6	3	5	1
武汉	9	1	38	11	6	3	2
长沙	3	1	20	5	2	3	0
广州	6	1	36	15	4	11	2
南宁	4	1	16	6	2	1	0
海口	3	1	13	3	3	0	0
成都	6	1	29	8	4	4	1
贵阳	5	1	27	11	2	1	0
昆明	6	3	23	10	7	3	2
拉萨	3	1	22	1	0	0	0
西安	3	1	29	7	4	3	1
兰州	3	1	13	5	1	4	0
西宁	0	0	40	15	0	3	0
银川	4	1	14	6	14	1	1
乌鲁木齐	4	1	19	9	6	4	4

科协组织、机构与人员

直属单位从业人员（个）	#女性从业人员	#科普从业人员	所属学会（个）	企业科协 个数（个）	企业科协 个人会员（人）	大专院校科协 个数（个）	大专院校科协 个人会员（人）
1303	**584**	**550**	**1898**	**1317**	**661417**	**57**	**30516**
266	127	199	388	250	102836	15	8405
30	19	12	68	20	3021	3	305
8	5	0	73	28	2715	0	0
10	7	10	56	0	0	0	0
155	62	138	109	73	56000	2	600
63	34	39	82	129	41100	10	7500
1037	457	351	1510	1067	558581	42	22111
22	8	0	51	88	1500	0	0
21	13	21	35	47	60000	0	0
17	8	0	15	21	1050	1	200
59	25	0	97	0	0	14	13800
24	10	0	70	7	2000	2	2400
63	25	63	97	78	10000	10	1000
13	9	4	85	180	25374	1	400
102	52	23	68	59	27500	0	0
59	30	50	31	2	16800	0	0
51	19	33	70	42	6051	0	0
22	7	10	32	40	10206	0	0
44	11	0	63	62	230000	0	0
55	20	26	29	41	2100	0	0
111	47	50	91	47	30000	1	110
4	2	0	44	38	5000	4	250
197	96	10	79	40	18000	0	0
4	2	0	39	15	2500	0	0
0	0	0	16	2	1400	0	0
29	11	4	90	86	41600	4	2600
3	2	0	50	16	5000	1	500
17	9	14	64	43	12000	1	46
0	0	0	10	0	0	0	0
56	21	36	84	83	38000	2	800
21	9	0	42	25	12000	0	0
12	3	0	62	0	0	0	0
5	1	0	49	0	0	0	0
26	17	7	47	5	500	1	5

2—6 各地区地级科协组织、

地区	独立建制的科协(个)	机关从业人员(人)	#女性从业人员	直属单位(个)	直属单位从业人员(人)	#女性从业人员	街道科个数(个)
合计	**309**	**3926**	**1161**	**534**	**3326**	**1347**	**359**
北京	14	141	57	10	58	28	110
天津	3	127	43	11	57	25	83
河北	3	151	45	24	144	51	
山西	10	130	48	20	153	45	
内蒙古	7	120	41	12	156	54	
辽宁	12	154	40	48	488	193	
吉林	8	74	17	18	142	54	
黑龙江	11	149	59	16	59	29	
上海	18	314	120	23	154	79	85
江苏	12	180	52	36	295	158	
浙江	9	76	17	11	42	16	
安徽	16	159	34	23	175	74	
福建	6	65	14	14	52	19	
江西	10	104	29	17	57	24	
山东	12	259	55	25	198	72	
河南	16	197	54	30	138	46	
湖北	12	156	39	27	207	67	
湖南	13	142	38	25	141	60	
广东	18	188	51	22	176	63	
广西	7	83	24	15	44	18	
海南	1	12	4	0	0	0	
重庆	15	110	36	14	46	18	81
四川	20	199	66	28	85	36	
贵州	8	75	28	4	12	5	
云南	13	118	37	18	70	32	
西藏	1	10	2	0	0	0	
陕西	8	123	31	9	60	28	
甘肃	12	147	39	15	63	27	
青海	1	47	16	4	13	5	
宁夏	3	19	3	2	3	2	
新疆	10	97	22	13	38	19	

机构与人员

普协会	乡镇科普协会		所属学会			农技协	
从业人员（人）	个数（个）	从业人员（人）	个数（个）	从业人员（人）	个人会员（人）	个数（个）	个人会员（人）
841	**598**	**1299**	**11210**	**57779**	**3244447**	**17671**	**1191692**
233	149	345	228	514	70650	15	900
139	73	187	181	331	27855	177	7425
			377	827	98281	216	1736
			368	27820	65795	2799	144664
			373	511	73321	592	52703
			587	967	213019	1241	108596
			333	486	87174	146	24826
			435	1102	57541	3903	315714
98	113	117	391	235	127231	32	1154
			627	1017	219265	540	20597
			365	266	95752	7	912
			494	38	145738	288	23688
			332	106	92755	36	982
			345	365	82869	72	23076
			496	1867	175574	4419	291108
			610	631	147157	813	50182
			414	797	132061	29	986
			532	293	146448	93	6880
			663	6160	386692	179	8945
			270	643	80079	433	7234
			5	58	30	5	14
371	263	650	357	759	84804	163	13096
			833	179	308985	13	3180
			231	10079	42043	485	23178
			367	490	107635	1	48
			41	230	2452	0	0
			375	739	63341	724	42444
			208	139	35496	14	900
			78	85	13473	11	1280
			56	45	16694	1	7000
			238	0	44237	224	8244

2—7 各地区县级科协组织

地 区	独立建制的科协（个）	机关从业人员（人）	#女性从业人员	直属单位（个）	直属单位从业人员（人）	#女性从业人员	街道科协个数（个）
合 计	**1837**	**13715**	**3538**	**737**	**3240**	**1519**	**5773**
北 京	1	15	4	1	12	7	1
天 津	0	20	5	1	2	1	0
河 北	90	1016	240	28	684	500	303
山 西	118	818	315	18	63	28	206
内 蒙 古	34	420	134	14	66	33	185
辽 宁	70	407	118	44	118	51	551
吉 林	49	310	104	54	321	149	211
黑 龙 江	54	415	124	59	109	45	233
上 海	1	12	2	2	1	0	0
江 苏	78	625	117	41	138	47	439
浙 江	65	485	98	41	100	35	238
安 徽	72	495	105	16	45	16	204
福 建	80	407	89	38	134	53	140
江 西	94	491	88	15	31	14	105
山 东	118	960	180	44	140	46	605
河 南	134	1071	328	50	245	115	316
湖 北	73	686	151	74	283	154	304
湖 南	87	641	142	58	138	48	312
广 东	69	474	107	15	196	25	218
广 西	89	472	132	23	73	21	342
海 南	11	84	16	1	2	1	8
重 庆	25	124	22	10	21	10	39
四 川	103	891	228	33	107	47	257
贵 州	82	368	104	8	13	5	83
云 南	75	654	166	19	108	33	91
西 藏	0	0	0	0	0	0	0
陕 西	76	468	130	8	20	8	157
甘 肃	44	485	155	11	23	10	119
青 海	4	121	37	7	33	10	17
宁 夏	18	120	36	1	2	1	33
新 疆	23	160	61	3	12	6	56

机构与人员

普协会	乡镇科普协会		所属学会			农技协	
从业人员（人）	个数（个）	从业人员（人）	个数（个）	从业人员（人）	个人会员（人）	个数（个）	个人会员（人）
18094	**33196**	**131474**	**33838**	**175898**	**4066748**	**81815**	**6102567**
3	33	40	18	0	3700	11	550
0	58	69	13	30	145	5	539
967	1949	5761	2427	15024	228770	3703	275735
520	1095	7343	1548	9229	54130	3446	151678
913	929	15334	927	15480	38550	1791	135162
1674	1274	44236	1520	18929	371660	4083	437026
1024	819	2276	787	1630	78406	2556	107106
449	713	1469	1294	6572	83182	3935	324698
0	14	28	27	92	48537	0	0
1446	1212	5412	1810	3288	361966	3727	375829
398	1211	3046	1506	1544	242773	2581	152658
78	1562	243	1289	242	148069	2904	284460
125	914	667	1171	603	125321	1858	74021
115	1487	2295	1119	1403	85304	1463	74006
3839	1551	2901	2225	41301	228019	9500	964944
1149	2015	6023	2757	3875	227872	10987	521165
1131	981	2455	1774	20831	265072	3033	406149
800	2108	3742	1833	6072	241793	1475	146821
451	1170	3649	1426	3404	184238	1634	92184
725	977	4626	991	3397	110828	1514	72399
40	113	369	77	725	2528	54	2469
81	728	2060	583	911	89176	694	33326
164	4111	746	2994	720	534761	6405	863994
924	1303	4952	936	12347	117502	1758	80279
129	1387	3279	0	0	0	4783	128852
0	0	0	0	0	0	0	0
550	1326	5072	914	6112	46281	3185	163705
202	1536	1773	1277	835	73652	3875	182093
48	107	681	125	715	12707	54	9767
104	203	579	193	546	12382	309	17040
45	310	348	277	41	49424	492	23912

2—8 各地区省级学会组织、

地 区	理事会理事(人)	#常务理事	#女性理事	专门工作委员会(个)	#科普工作委员会	所属分科学会(个)	单位(团体)会员(个)
合 计	**162149**	**58979**	**17640**	**7845**	**1390**	**13145**	**109299**
北 京	7344	2561	1205	389	72	586	5713
天 津	5429	1742	678	324	61	479	5274
河 北	6169	1989	711	185	42	366	2503
山 西	5642	2024	690	296	55	469	5020
内蒙古	2858	1154	320	127	29	168	1937
辽 宁	9230	3828	1083	511	53	648	3193
吉 林	6260	2134	721	210	46	416	5703
黑龙江	3039	1171	400	167	18	269	1112
上 海	6792	1954	922	531	88	826	8846
江 苏	7148	2464	708	435	78	539	4423
浙 江	5889	2219	609	340	66	493	4747
安 徽	7033	2511	734	282	59	1534	3319
福 建	7263	2693	741	322	48	393	6330
江 西	5636	2124	643	217	40	393	4456
山 东	4641	1644	366	206	53	382	2493
河 南	6855	2346	739	338	59	500	3128
湖 北	7472	2726	637	312	55	416	3691
湖 南	7284	2865	600	388	56	815	5430
广 东	9682	3369	868	310	51	604	7135
广 西	4139	1573	538	198	36	294	1848
海 南	1458	507	69	23	4	76	893
重 庆	4715	1769	532	225	42	295	3520
四 川	6534	2474	606	364	48	503	4213
贵 州	2421	1018	259	167	22	139	931
云 南	6679	2623	860	214	49	469	3335
西 藏	985	369	131	28	10	44	269
陕 西	6044	2420	582	309	57	547	4734
甘 肃	2550	868	240	151	23	203	2367
青 海	0	0	0	0	0	0	0
宁 夏	2922	1065	240	156	40	153	1640
新 疆	2036	775	208	120	30	126	1096

机构与人员

个人会员（人）	#女性会员	#高级（资深）会员	学生会员	#外籍会员	港、澳、台会员	#交纳会费会员	学会从业人员（人）
3999144	**1180339**	**603208**	**28553**	**693**	**1084**	**695714**	**12554**
219794	93188	39278	3971	17	13	63084	457
122522	43291	21090	423	26	21	23678	342
95947	25989	13311	105	8	382	24719	133
138023	51471	14662	890	3	1	20234	1664
50568	13084	7232	85	0	0	6562	157
323794	132231	32546	198	4	0	13207	368
112230	37902	11532	2321	5	0	1251	567
121135	43407	14114	1745	15	0	5133	373
182197	49719	44267	1231	342	75	56987	680
238918	28380	22704	750	9	6	22493	284
128920	44573	26734	1625	8	1	23452	297
177517	46313	31266	2959	19	5	38215	146
141228	38706	18979	1005	68	61	56109	247
148691	51724	16052	258	1	3	37360	224
150304	56251	16977	149	3	1	50121	242
209298	57543	23165	1067	0	0	32271	666
150132	28228	50146	921	10	7	17164	286
184348	43005	29135	1347	4	1	30162	339
199068	63663	28294	1637	72	222	45804	805
105125	39499	12818	300	42	242	24987	1044
36567	17989	1029	178	0	0	1503	300
57130	14414	14227	467	1	0	22733	376
209502	32543	34631	1255	4	0	18779	215
41118	11742	4798	433	0	0	1013	60
157767	46921	19928	773	3	23	14765	289
5191	1238	495	21	0	0	450	503
154626	37273	38502	1580	13	4	22582	758
60286	12512	5886	423	16	16	7281	580
0	0	0	0	0	0	0	0
40846	10956	5597	328	0	0	6171	106
36352	6584	3813	108	0	0	7444	46

三、经费筹集和使用

简要说明

一、本篇包括中国科协及所属全国性学会、省级科协及所属省级学会、地级科协、县级科协的经费筹集和使用情况。

二、本篇统计资料由三部分组成：（一）中国科协、省级科协、计划单列市科协、省会城市科协经费筹集和使用情况。主要指标有：本年经费筹集总额、本年经费使用总额等。本年经费筹集总额统计各单位来自所有渠道的经费总额，包括同级财政补助、上级科协项目补助、事业收入、经营收入和其他收入，对同级财政补助和上级科协项目补助项新增了对科普经费的统计；本年经费使用总额统计各单位各方面的经费支出情况，其中对科普经费支出进行单独统计。（二）地级科协（计划单列市科协、省会城市科协除外）、县级科协经费筹集和使用情况。指标设置同第一部分。（三）全国性学会、省级学会经费筹集和使用情况。主要指标有：本年经费筹集总额、本年经费使用总额等。本年经费筹集总额统计各单位来自所有渠道的经费总额，包括科协资助、挂靠单位资助、个人会费、单位（团体）会费、捐赠、学会活动收入、承担委托项目收入和其他收入；本年经费使用总额统计各单位各方面的经费支出情况，其中对学术活动费、科普活动费和对外投资进行统计。

三、由于各级科协之间、各级学会之间、科协与学会之间存在拨款、资助和委托等关系，经费统计有部分重复。

主要指标解释

同级财政补助　指同级财政部门全年拨付的科学事业费、行政费和基建费等预算经费。

科普经费　指专门用于科普设施建设和科普活动（含青少年科技活动）的专项经费。

上级科协项目补助　指上一级科协以项目资助或委托等形式拨付的经费。

事业收入　指本单位开展业务活动及其辅助活动取得的收入，包括科研收入、技术收入、学术活动收入、科普活动收入和试制产品收入等。

经营收入　指本单位在专业业务活动及辅助活动之外开展的非独立核算的生产经营活动取得的收入，包括产品销售收入、经营服务收入、工程承包收入、租赁收入和其他经营收入等。

捐赠　指国内外有关单位、团体和个人给予本单位的捐赠和资助。

学会活动收入　指本单位按章程规定开展活动所收取的注册费、资料费、培训费等收入以及开展技术咨询、技术服务、科技展览和出版刊物所取得的收入。

承担委托项目收入　指本单位承担有关部门和单位委托的项目论证、决策咨询、科研课题、成果鉴定、职称评定等工作所取得的收入。

对外投资　指本单位以货币资金、实物和无形资产等形式对外单位的投资。

3—1　中国科协、省级科协、计划单列市科协、省会城市科协经费筹集和使用汇总

单位:千元

指　　标	合　　计		中国科协		省级科协		计划单列市科协		省会城市科协	
	2002 年	2003 年	2002 年	2003 年	2002 年	2003 年	2002 年	2003 年	2002 年	2003 年
本年经费筹集总额	1214590	1200436	401284	389347	695460	677832	25758	31368	92088	101889
＃同级财政补助	624262	683746	208094	200307	310359	368773	20064	25366	85745	89300
＃科普经费	211613	282503	73030	88132	98967	145663	5326	7170	34290	41538
上级科协项目补助	21266	14593			20708	10189	250	33	308	4371
＃科普经费	14994	8114			14697	6877	0	20	297	1217
事业收入	281177	251928	90743	46663	184552	198782	2074	1379	3808	5104
经营收入	161326	165109	91414	99026	65948	60488	3370	4157	594	1438
其他收入	——	85060	——	43351	——	39600	——	433	——	1676
本年经费使用总额	1160604	1197355	394197	382755	648995	694503	26630	28248	90782	91849
＃科普经费	368683	385191	113262	124054	215259	216691	5292	7492	34870	36954
＃青少年科技活动经费	25573	23787	10981	8100	10096	12810	904	296	3592	2581
科普设施建设费	163660	125879	47886	36496	105006	84632	125	120	10643	4640

3—2 地级科协、县级科协经费筹集和使用汇总

单位：千元

指标	合计		地级科协		县级科协	
	2002年	2003年	2002年	2003年	2002年	2003年
本年经费筹集总额	578833	742210	284798	323537	294035	418673
#同级财政补助	502062	658214	246716	283663	255346	374551
#科普经费	197743	285061	91718	120706	106025	164355
上级科协项目补助	22774	33815	7485	10767	15289	23048
#科普经费	16033	17973	5974	6598	10059	11375
事业收入	19666	22088	15550	17362	4116	4726
经营收入	8398	5728	5949	2997	2449	2731
其它他入	——	22365	——	8748	——	13617
本年经费使用总额	560828	714042	274776	316772	286052	397270
#科普经费	224883	296779	99357	125888	125526	170891
#青少年科技活动经费	25487	38371	11072	14756	14415	23615
科普设施建设费	46777	70619	17112	28313	29665	42306

3—3 全国性学会、省级学会经费筹集和使用汇总

单位：千元

指 标	合计		全国性学会		省级学会	
	2002 年	2003 年	2002 年	2003 年	2002 年	2003 年
本年经费筹集总额	743802	706703	376755	331924	367047	374779
#科协资助	41404	41054	26266	26965	15138	14089
挂靠单位资助	102352	108242	49099	54696	53253	53546
会费收入	63389	83548	11910	22409	51479	61139
捐赠	26699	36659	11657	19654	15042	17005
学会活动收入	306257	294891	151155	160243	155102	134648
承担委托项目收入	55859	71794	12626	22334	43233	49460
其他收入	——	70515	——	25623	——	44892
本年经费使用总额	559598	590449	255244	277421	304354	313028
#学术活动费	282031	293828	118338	136299	163693	157529
科普活动费(含青少年科技活动费)	45235	41283	16792	11923	28443	29360
对外投资	4403	15887	743	10754	3660	5133

3—4 各省级科协经

省份	本年经费筹集总额	同级财政补助	#科普经费	上级科协项目补助	#科普经费	事业收入
合计	**677832**	**368773**	**145663**	**10189**	**6877**	**198782**
北京	48800	34302	12060	0	0	12603
天津	6057	5743	1000	260	260	0
河北	17229	8200	456	337	213	7085
山西	12037	10575	6473	102	0	1089
内蒙古	7703	7454	4750	249	249	0
辽宁	15866	7228	4000	8	0	7954
吉林	5939	5622	2550	241	241	0
黑龙江	17699	17414	12790	270	0	9
上海	148142	38148	6907	3226	2166	102260
江苏	53045	19198	7750	0	0	9641
浙江	20752	19572	6000	0	0	0
安徽	17597	15119	11950	2288	2288	0
福建	28794	20291	11196	60	0	7983
江西	12657	8937	4337	125	125	355
山东	16750	16750	3200	0	0	0
河南	37919	10489	3290	592	152	3719
湖北	17577	12380	8060	45	0	3323
湖南	10914	10914	7150	0	0	0
广东	41743	17061	5769	36	36	23270
广西	24366	7916	1600	110	20	11883
海南	4399	4085	1446	40	30	0
重庆	6928	6819	3600	109	109	0
四川	32960	11715	2900	253	0	933
贵州	15119	15002	1000	117	117	0
云南	20117	6274	5400	400	80	3798
西藏	2111	1895	719	216	216	0
陕西	9363	7370	2125	345	345	1630
甘肃	5697	5697	2660	0	0	0
青海	7361	6814	1865	130	130	417
宁夏	7298	6046	1000	180	100	830
新疆	4893	3743	1660	450	0	0

费筹集和使用

单位：千元

经营收入	其他收入	本年经费使用总额	#科普经费	#青少年科技活动费	#科普设施建设费
60488	**39600**	**694503**	**216691**	**12810**	**84632**
1678	217	49747	18006	983	1737
0	54	6057	1000	30	0
1384	223	16318	2139	133	0
174	97	11612	7034	886	638
0	0	6722	4291	0	200
658	18	13857	3650	100	700
0	76	5600	2350	183	400
0	6	17411	12622	224	11278
0	4508	146127	11405	0	1130
23633	573	44956	7750	650	0
0	1180	18097	3976	220	0
0	190	17597	11950	1090	1810
0	460	28124	14447	2549	4764
2171	1069	12452	4508	150	300
0	0	60850	53200	300	50000
22679	440	35774	4744	576	700
1700	129	19611	8060	644	625
0	0	10914	7150	600	0
186	1190	40800	8214	150	0
1000	3457	24028	1998	376	0
0	274	4399	1446	50	325
0	0	6228	3100	250	0
1803	18256	31351	1040	650	80
0	0	15119	10440	65	9323
3180	6465	14089	1660	680	0
0	0	2722	1251	59	487
0	18	9490	2125	36	0
0	0	5685	2660	385	0
0	0	6605	2005	250	60
242	0	7268	810	41	66
0	700	4893	1660	500	0

3—5 各计划单列市科协、省会

城市	本年经费筹集总额	同级财政补助	#科普经费	上级科协项目补助	#科普经费	事业收入
合计	**133257**	**114666**	**48708**	**4404**	**1237**	**6483**
计划单列市小计	31368	25366	7170	33	20	1379
宁波	8260	4840	1650	0	0	0
厦门	7059	6440	1040	13	0	16
深圳	2000	2000	2000	0	0	0
青岛	5860	5860	1280	0	0	0
大连	8189	6226	1200	20	20	1363
省会城市小计	101889	89300	41538	4371	1217	5104
石家庄	2530	2530	690	0	0	0
太原	970	950	950	20	20	0
呼和浩特	1163	1163	150	0	0	0
沈阳	2610	2530	700	80	80	0
长春	2240	2190	770	50	0	0
哈尔滨	5473	5473	1000	0	0	0
南京	4870	4870	3080	0	0	0
杭州	10621	10605	2022	0	0	0
合肥	6659	4350	1100	5	5	1101
福州	5658	5356	2350	0	0	302
南昌	1310	1197	660	33	0	80
济南	1680	1680	1680	0	0	0
郑州	5529	5529	3403	0	0	0
武汉	8734	8319	4860	0	0	250
长沙	2401	2401	1548	0	0	0
广州	12550	8350	7150	3000	0	1200
南宁	1980	1939	345	41	41	0
海口	562	562	180	0	0	0
成都	7269	5028	2000	70	70	1932
贵阳	2488	2300	1040	0	0	50
昆明	6663	5696	2920	810	760	156
拉萨	120	120	3	0	0	0
西安	2560	2560	1000	0	0	0
兰州	1214	1184	310	0	0	30
西宁	693	649	416	42	21	0
银川	608	569	211	39	39	0
乌鲁木齐	2734	1200	1000	181	181	3

城市科协经费筹集和使用

单位：千元

		本年经费使用总额			
经营收入	其他收入		#科普经费	#青少年科技活动费	#科普设施建设费
5595	**2109**	**120097**	**44446**	**2877**	**4760**
4157	433	28248	7492	296	120
3100	320	8760	2150	56	0
507	83	3619	862	60	0
0	0	2000	2000	0	0
0	0	5680	1280	80	120
550	30	8189	1200	100	0
1438	1676	91849	36954	2581	4640
0	0	2530	690	60	630
0	0	970	970	25	0
0	0	1163	150	10	0
0	0	2530	780	120	200
0	0	2240	770	100	0
0	0	4473	1000	500	500
0	0	4870	3000	37	0
0	16	10621	2022	130	492
0	1203	5890	1000	56	112
0	0	5240	2350	75	678
0	0	1310	660	3	80
0	0	1680	1680	83	50
0	0	5301	3413	413	30
0	165	8695	4400	100	260
0	0	2985	1548	0	0
0	0	8350	3000	0	0
0	0	1980	386	60	0
0	0	378	167	0	0
0	239	7506	2581	563	271
88	50	2488	1040	20	190
0	1	5538	3220	140	1100
0	0	120	20	0	0
0	0	2560	1000	0	0
0	0	1214	310	8	16
0	2	494	433	66	31
0	0	512	153	12	0
1350	0	211	211	0	0

3—6 各地区地级科协

地区	本年经费筹集总额	同级财政补助	#科普经费	上级科协项目补助	#科普经费	事业收入
合计	323537	283663	120706	10767	6598	17362
北京	19203	16214	9535	2413	2254	10
天津	9029	7140	1082	207	49	938
河北	10813	10237	2016	0	0	556
山西	7284	6940	2165	336	141	0
内蒙古	9599	7118	5306	210	90	0
辽宁	11255	10505	4768	577	207	107
吉林	5446	4946	1055	263	213	40
黑龙江	6636	6536	915	100	0	0
上海	51175	41475	16970	118	88	5948
江苏	30075	21476	8638	920	0	7097
浙江	15139	14854	10408	185	163	0
安徽	11873	10788	4242	265	25	142
福建	10416	10056	4810	90	35	159
江西	6137	5822	2018	150	89	21
山东	13044	12290	5076	105	55	200
河南	11348	10937	3779	360	0	0
湖北	9413	8670	4139	393	50	15
湖南	12236	11361	5590	240	240	346
广东	23560	21727	11160	675	542	596
广西	4542	3910	1240	326	196	0
海南	350	250	150	100	0	0
重庆	4531	4335	1986	111	76	2
四川	13733	12361	4524	334	314	726
贵州	3351	3197	885	115	70	0
云南	10711	8756	4683	1805	1485	0
西藏	142	106	53	36	1	0
陕西	3779	3699	1566	80	49	0
甘肃	5059	4932	1086	82	10	30
青海	149	145	54	2	2	0
宁夏	769	724	190	25	10	0
新疆	2740	2156	617	144	144	429

经费筹集和使用

单位：千元

经营收入	其他收入	本年经费使用总额	#科普经费	#青少年科技活动费	#科普设施建设费
2997	**8748**	**316772**	**125888**	**14756**	**28313**
453	113	18981	13097	2142	3512
174	570	8903	1687	186	270
0	20	10983	2016	185	452
0	8	6617	2230	160	974
1134	1137	6898	5623	3745	1298
51	15	10925	3800	398	860
130	67	5216	1258	320	350
0	0	5332	670	63	4
0	3634	50889	18890	720	4070
0	582	28829	6896	623	2094
0	100	15509	10818	798	4755
0	678	11600	3624	310	641
0	111	10109	4821	320	1378
41	103	6127	2489	166	268
0	449	12719	4399	674	517
0	51	11091	3580	202	361
205	130	9150	3331	690	994
0	289	13061	5924	421	490
200	362	24182	11340	785	2301
292	14	4471	1350	263	560
0	0	250	100	0	0
11	72	4139	1331	93	214
306	6	13729	4718	634	566
0	39	3351	1267	179	149
0	150	11132	6720	310	785
0	0	230	194	1	4
0	0	3779	1590	80	293
0	15	5022	1079	133	110
0	2	194	127	38	1
0	20	764	230	25	30
0	11	2590	689	92	12

3—7 各地区县级科协

地　　区	本年经费筹集总额	同级财政补助	#科普经费	上级科协项目补助	#科普经费	事业收入
合　　计	**418673**	**374551**	**164355**	**23048**	**11375**	**4726**
北　　京	1992	1350	900	642	642	0
天　　津	378	370	29	3	3	0
河　　北	9252	8334	2266	245	167	143
山　　西	5565	5332	2123	227	111	6
内 蒙 古	7701	3760	3047	510	129	403
辽　　宁	10690	8994	5030	577	245	76
吉　　林	6566	6411	2013	104	76	10
黑 龙 江	10314	10152	3237	140	107	0
上　　海	1062	1062	325	0	0	0
江　　苏	38967	34578	17654	2739	599	997
浙　　江	53443	50628	19839	852	395	386
安　　徽	13970	13135	4769	655	457	51
福　　建	23138	19700	9591	1280	886	668
江　　西	8214	7534	1657	360	294	133
山　　东	24532	21461	9657	2313	689	316
河　　南	19610	18374	5696	139	30	290
湖　　北	21305	19103	7555	801	148	362
湖　　南	21746	17619	7254	3120	759	223
广　　东	31545	27823	19854	2167	1420	72
广　　西	15526	12737	5771	999	642	74
海　　南	31383	31351	15392	29	4	0
重　　庆	3623	3027	1458	180	10	0
四　　川	19159	17960	6645	579	313	170
贵　　州	6270	5582	1845	564	282	110
云　　南	17471	14390	5186	2664	2191	60
西　　藏	0	0	0	0	0	0
陕　　西	4445	3880	1581	362	293	169
甘　　肃	3773	3498	1221	256	131	0
青　　海	643	371	104	252	126	0
宁　　夏	2427	2241	624	144	110	0
新　　疆	3963	3794	2032	145	116	7

经费筹集和使用

单位：千元

经营收入	其他收入	本年经费使用总额	#科普经费	#青少年科技活动费	#科普设施建设费
2731	**13617**	**397270**	**170891**	**23615**	**42306**
0	0	1992	1542	30	996
0	5	378	31	3	0
38	492	9468	2283	420	630
0	0	5329	1984	219	352
1416	1612	2957	2238	1050	544
7	1036	10335	5067	625	1857
36	5	6449	1996	109	474
0	22	9912	2172	678	637
0	0	1062	325	0	186
315	338	34164	15297	2264	4873
48	1529	52094	20820	1475	3485
13	116	13815	4780	577	1326
37	1453	22681	9620	1449	2594
26	161	8158	2055	322	430
158	284	22894	9933	1468	2602
131	676	19256	5755	1012	1536
307	732	21135	8542	1276	2281
120	664	21585	8163	1327	2090
8	1475	30486	21508	3433	7601
15	1701	13080	5785	443	1757
3	0	31342	15448	2048	10
12	404	3366	1639	231	506
23	427	18970	7571	1003	1475
0	14	5980	2139	437	781
2	355	16967	7936	934	2218
0	0	0	0	0	0
16	18	4346	2146	223	496
0	19	3234	1198	94	135
0	20	379	277	27	55
0	42	2429	743	215	79
0	17	3027	1898	223	300

3—8 各地区省级学会

地区	本年经费筹集总额	科协资助	挂靠单位资助	会费收入	捐赠
合计	**374779**	**14089**	**53546**	**61139**	**17005**
北京	35693	2523	3393	4017	1222
天津	4426	21	1193	942	63
河北	7160	560	2366	502	205
山西	6934	399	925	944	250
内蒙古	1672	5	348	555	123
辽宁	3728	564	273	1370	687
吉林	4724	118	988	381	35
黑龙江	5153	10	1992	1872	119
上海	63464	1996	9722	14198	883
江苏	19866	877	1616	2901	515
浙江	25988	738	3274	2299	2374
安徽	9769	324	1565	1343	185
福建	18154	640	1988	2741	1297
江西	9501	432	939	1301	666
山东	11126	71	1500	1939	890
河南	2847	42	157	236	90
湖北	7742	190	981	2550	255
湖南	16320	337	2171	2880	1945
广东	39613	536	2320	6119	1261
广西	9626	176	1411	1015	139
海南	2329	15	117	306	23
重庆	12439	497	1273	1258	978
四川	9227	33	2802	1453	211
贵州	4156	147	765	474	1317
云南	11140	1053	1378	1751	534
西藏	7632	1123	6213	119	7
陕西	4819	341	732	1134	369
甘肃	1756	92	478	421	104
青海	0	0	0	0	0
宁夏	14296	229	503	2111	74
新疆	3479	0	163	2007	184

经费筹集和使用

单位：千元

学会活动收入	承担委托项目收入	其他收入	本年经费使用总额	#学术活动费	#科普活动费	#对外投资
134648	**49460**	**44892**	**313028**	**157529**	**29360**	**5133**
14002	8271	2265	31405	16124	3248	150
1577	319	311	3745	1884	573	125
2141	360	1026	5664	3909	338	0
2622	728	1066	5559	3187	522	61
61	380	200	1254	777	80	0
507	142	185	1203	622	55	0
1155	326	1721	3355	1591	347	0
1038	105	17	5616	3575	504	151
20462	7599	8604	47420	21480	2711	756
6762	5538	1657	18259	7060	2411	0
11362	2295	3646	21052	11663	758	43
3443	2231	678	7073	4437	940	201
9012	1854	622	15893	8739	1244	112
3956	584	1623	7511	3500	790	779
4954	1452	320	8710	3490	1751	310
1795	299	228	2703	1319	121	0
3145	279	342	6533	3775	1189	80
5728	2205	1054	13394	8380	1106	130
23501	4174	1702	36143	18453	2187	321
3317	3083	485	7140	4422	652	73
1540	0	328	3645	1307	161	0
2818	3495	2120	10928	6837	491	304
2980	428	1320	8481	4620	872	80
726	592	135	3100	2413	165	0
2985	2011	1428	9434	4831	746	201
0	13	157	7069	3277	3575	21
1331	529	383	4988	2823	823	157
326	38	297	1376	753	111	0
0	0	0	0	0	0	0
485	110	10784	12075	998	609	1012
917	20	188	2300	1283	280	66

四、境内学术交流

简要说明

一、本篇包括中国科协及所属全国性学会、省级科协及所属省级学会、地级科协、县级科协在境内（不含港、澳、台地区，下同）组织的各种学术交流活动的情况。

二、本篇统计资料由三部分组成：（一）中国科协、省级科协、计划单列市科协、省会城市科协境内学术交流情况。主要指标有：举办国内学术会议、举办国际学术会议、举办双边学术会议、举办同港、澳地区学术会议、举办海峡两岸学术会议、举办同港、澳、台地区学术会议的次数、参加人数和交流论文数等。在国内学术会议中，对已制度化、规范化的学术年会和青年学术年会进行了统计。（二）地级科协（计划单列市科协、省会城市科协除外）、县级科协境内学术交流情况。考虑到实际情况，指标设置相对简单，仅设置了举办学术交流活动及其参加人数两个指标。（三）全国性学会、省级学会境内学术交流情况。本部分除对国际学术会议中的国际组织系列学术会议进行了统计外，其他指标设置与第一部分基本相同。

主要指标解释

举办国内学术会议 指为推动学科繁荣、科技进步、社会和经济发展，针对共同关心的科技理论和应用问题，由本单位主办（或第一主办）、在境内开展的、主要由国内有关专家、学者及科技人员参加并提交学术论文的研讨会、交流会、报告会和论坛等。

学术年会 仅指本单位主办（或第一主办）的综合性、跨学科、开放式、大规模、高层次、制度化的国内学术会议（不含青年学术年会）。

青年学术年会 仅指为促进青年科技人才的成长，本单位主办（或第一主办）、主要由青年科技人员参加的综合性、跨学科、开放式、大规模、高层次、制度化的国内学术会议。

举办国际学术会议 指为了解或掌握国际相关领域研究的最新动态，促进我国科技事业的发展，加强国际合作，提高我国在国际科技界的影响，本单位主办(或第一主办)、以及受国际组织委托承办，在境内开展的、由三个或三个以上国家或地区（不含港、澳、台地区）的专家、学者及科技人员参加并提交学术论文的研讨会、交流会、报告会和论坛等。

举办学术交流活动 指本单位主办(或第一主办)的学术研讨、交流、讲座、论坛、报告等。

4—1 中国科协、省级科协、计划单列市科协、省会城市科协境内学术交流活动汇总

指 标	合 计		中国科协		省级科协		计划单列市科协		省会城市科协	
	2002 年	2003 年	2002 年	2003 年	2002 年	2003 年	2002 年	2003 年	2002 年	2003 年
举办国内学术会议（次）	371	598	12	24	163	256	64	50	132	268
参加人数（人次）	133950	190418	7340	6700	31675	73775	40070	14089	54865	95854
＃境外人员	433	340	13	5	36	77	380	200	4	58
交流论文（篇）	28660	26683	4007	3781	12187	12467	4575	3548	7891	6887
＃境外人员论文	381	200	0	5	28	24	350	120	3	51
＃学术年会（次）	67	83	1	1	38	44	5	7	23	31
参加人数（人次）	42542	55000	6000	5000	11305	26110	4500	7500	20737	16390
＃境外人员	33	35	13	3	17	2	0	0	3	30
交流论文（篇）	12057	12310	3035	2621	4102	4099	800	2150	4120	3440
＃境外人员论文	16	38	0	3	13	0	0	0	3	35
＃青年学术年会（次）	11	14	0	0	7	12	1	0	3	2
参加人数（人次）	9813	2040	0	0	3953	1800	160	0	5700	240
＃境外人员	1	3	0	0	0	0	0	0	1	3
交流论文（篇）	3012	980	0	0	2116	881	160	0	736	99
＃境外人员论文	0	3	0	0	0	0	0	0	0	3
举办国际学术会议（次）	54	36	18	11	12	18	21	3	3	4
参加人数（人次）	18918	13886	8895	4675	2981	5423	6180	900	862	2888
＃境外人员	4049	1387	2145	482	361	455	1472	280	71	170
交流论文（篇）	4657	3782	1171	2079	1687	822	1667	206	132	675
＃境外人员论文	1427	795	367	372	290	99	751	126	19	198
举办双边学术会议（次）	12	19	2	2	10	6	0	3	0	8
参加人数（人次）	1870	1224	310	220	1560	428	0	226	0	350
＃境外人员	121	185	85	77	36	77	0	26	0	5
交流论文（篇）	246	206	200	85	46	45	0	21	0	55
＃境外人员论文	76	70	50	43	26	22	0	3	0	2
举办同港、澳地区学术会议（次）	3	6	0	0	2	3	1	0	0	3
参加人数（人次）	497	421	0	0	417	276	80	0	0	145
＃境外人员	207	168	0	0	197	168	10	0	0	0
交流论文（篇）	197	456	0	0	155	426	42	0	0	30
＃境外人员论文	75	71	0	0	70	71	5	0	0	0
举办海峡两岸学术会议（次）	19	10	1	0	11	8	4	1	3	1
参加人数（人次）	1631	1294	70	0	940	1069	230	150	391	75
＃境外人员	536	255	35	0	348	205	30	30	123	20
交流论文（篇）	720	384	50	0	276	185	150	189	244	10
＃境外人员论文	212	101	25	0	141	58	10	35	36	8
举办同港、澳、台地区学术会议（次）	8	5	0	1	1	0	6	4	1	0
参加人数（人次）	1520	420	0	40	140	0	380	380	1000	0
＃境外人员	109	21	0	21	67	0	0	0	42	0
交流论文（篇）	306	160	0	40	78	0	150	120	78	0
＃境外人员论文	18	20	0	20	13	0	0	0	5	0

4—2 各地区地级科协、县级科协境内学术交流活动

地区	地级科协举办学术交流活动				县级科协举办学术交流活动			
	次数(次)		参加人数(人次)		次数(次)		参加人数(人次)	
	2002年	2003年	2002年	2003年	2002年	2003年	2002年	2003年
合计	**3189**	**4502**	**460697**	**531555**	**7290**	**8131**	**1136864**	**1397508**
北京	285	193	32558	20195	3	9	360	2000
天津	157	46	10720	2827	2	0	50	0
河北	140	178	28662	13178	337	383	43465	42563
山西	63	92	13548	10080	166	250	58452	60972
内蒙古	46	67	13107	11768	159	193	55332	50362
辽宁	38	391	6840	19471	85	227	23728	25525
吉林	18	324	1342	18160	49	47	9482	7524
黑龙江	16	383	1230	5730	28	170	2280	13578
上海	304	434	28932	45356	12	15	920	1800
江苏	227	525	57787	49984	950	756	123064	122199
浙江	82	122	9840	14956	571	518	83979	229051
安徽	118	49	14610	7520	197	207	27894	37966
福建	27	54	4270	8980	604	513	45179	52713
江西	8	22	465	1317	80	138	9271	9846
山东	418	321	29525	20824	1314	1188	101615	175010
河南	238	435	55385	161821	387	562	87112	87722
湖北	30	47	5710	5463	169	218	29761	33684
湖南	25	40	12488	16540	128	345	18288	54475
广东	228	174	33527	33222	919	1191	156183	142951
广西	261	199	43909	22682	175	224	27104	18692
海南	1	1	230	210	31	21	2545	4257
重庆	28	75	7254	3514	34	44	3571	6307
四川	183	196	19066	14329	421	278	67064	40525
贵州	1	16	150	3600	58	76	10470	48996
云南	10	3	960	610	99	117	12470	19909
西藏	0	3	0	650	0	0	0	0
陕西	82	33	8269	9177	136	186	79553	76883
甘肃	18	20	3594	4990	114	197	43308	22109
青海	74	6	11291	272	9	17	654	1514
宁夏	6	2	200	140	40	10	12498	3832
新疆	57	51	5228	3989	13	31	1212	4543

4—3 全国性学会、省级学会境内学术交流活动汇总

指标	合计		全国性学会		省级学会	
	2002年	2003年	2002年	2003年	2002年	2003年
举办国内学术会议（次）	10764	9856	2312	2122	8452	7734
参加人数（人次）	1163098	1000087	268845	258560	894253	741527
＃境外人员	5089	4092	2966	2276	2123	1816
交流论文（篇）	392201	351671	151934	148766	240267	202905
＃境外人员论文	2536	1631	1613	898	923	733
举办国际学术会议（次）	573	414	218	133	355	281
参加人数（人次）	110006	73274	51492	27269	58514	46005
＃境外人员	22765	9477	16815	4839	5950	4638
交流论文（篇）	42394	20105	25889	12412	16505	7693
＃境外人员论文	13351	5784	10001	3264	3350	2520
＃国际组织系列学术会议（次）	82	39	42	21	40	18
参加人数（人次）	24208	8517	18110	6437	6098	2080
＃境外人员	9489	2126	8654	1513	835	613
交流论文（篇）	12496	4599	11260	4101	1236	498
＃境外人员论文	5578	1369	5100	1101	478	268
举办双边学术会议（次）	214	155	51	27	163	128
参加人数（人次）	17046	8854	6218	1699	10828	7155
＃境外人员	3219	915	2274	348	945	567
交流论文（篇）	5402	2300	3072	580	2330	1720
＃境外人员论文	1595	460	1173	220	422	240
举办同港、澳地区学术会议（次）	49	43	2	7	47	36
参加人数（人次）	5215	3988	210	925	5005	3063
＃境外人员	868	433	2	65	866	368
交流论文（篇）	1499	1045	194	333	1305	712
＃境外人员论文	183	136	2	30	181	106
举办海峡两岸学术会议（次）	83	60	26	19	57	41
参加人数（人次）	8352	5643	3300	2029	5052	3614
＃境外人员	1838	1075	692	332	1146	743
交流论文（篇）	2709	2161	1298	801	1411	1360
＃境外人员论文	668	459	354	214	314	245
举办同港、澳、台地区学术会议（次）	20	27	4	8	16	19
参加人数（人次）	2436	1991	520	949	1916	1042
＃境外人员	363	430	134	226	229	204
交流论文（篇）	1594	600	324	284	1270	316
＃境外人员论文	106	181	36	121	70	60

4—4 各省级科协境内

省份	举办国内									
	次数（次）	参加人数（人次）	#境外人员	交流论文（篇）	#境外人员论文	#学术年会				
						次数（次）	参加人数（人次）	#境外人员	交流论文（篇）	#境外人员论文
合计	**256**	**73775**	**77**	**12467**	**24**	**44**	**26110**	**2**	**4099**	**0**
北京	2	140	6	14	3	0	0	0	0	0
天津	7	2060	0	64	0	0	0	0	0	0
河北	2	700	0	100	0	0	0	0	0	0
山西	1	50	0	30	0	0	0	0	0	0
内蒙古	1	1000	0	337	0	1	1000	0	337	0
辽宁	7	2320	0	600	0	5	2250	0	500	0
吉林	6	750	0	150	0	0	0	0	0	0
黑龙江	5	280	0	218	0	0	0	0	0	0
上海	2	19000	50	1200	7	1	16000	0	1140	0
江苏	7	1750	0	640	0	0	0	0	0	0
浙江	69	14225	0	3450	0	0	0	0	0	0
安徽	4	1556	0	1119	0	1	1200	0	1000	0
福建	1	200	0	57	0	1	200	0	57	0
江西	1	200	0	15	0	0	0	0	0	0
山东	61	3700	10	860	10	0	0	0	0	0
河南	2	400	0	250	0	0	0	0	0	0
湖北	10	6100	0	106	0	0	0	0	0	0
湖南	1	2000	0	477	0	0	0	0	0	0
广东	6	827	0	158	0	0	0	0	0	0
广西	31	4000	2	465	0	31	4000	2	465	0
海南	1	1000	9	74	4	0	0	0	0	0
重庆	1	100	0	58	0	0	0	0	0	0
四川	10	6920	0	623	0	0	0	0	0	0
贵州	4	517	0	428	0	0	0	0	0	0
云南	7	2000	0	332	0	0	0	0	0	0
西藏	0	0	0	0	0	0	0	0	0	0
陕西	2	400	0	2	0	0	0	0	0	0
甘肃	1	980	0	400	0	1	980	0	400	0
青海	0	0	0	0	0	0	0	0	0	0
宁夏	0	0	0	0	0	0	0	0	0	0
新疆	4	600	0	240	0	3	480	0	200	0

学术交流活动

学术会议					举办国际学术会议				
#青年学术年会					次数（次）	参加人数（人次）	#境外人员	交流论文（篇）	#境外人员论文
次数（次）	参加人数（人次）	#境外人员	交流论文（篇）	#境外人员论文					
12	**1800**	**0**	**881**	**0**	**18**	**5423**	**455**	**822**	**99**
0	0	0	0	0	8	838	130	113	31
0	0	0	0	0	0	0	0	0	0
1	80	0	70	0	0	0	0	0	0
0	0	0	0	0	0	0	0	0	0
0	0	0	0	0	0	0	0	0	0
0	0	0	0	0	0	0	0	0	0
0	0	0	0	0	1	200	50	120	32
0	0	0	0	0	0	0	0	0	0
0	0	0	0	0	1	230	4	2	2
3	550	0	340	0	0	0	0	0	0
6	770	0	300	0	6	3775	150	300	30
1	200	0	80	0	0	0	0	0	0
0	0	0	0	0	0	0	0	0	0
0	0	0	0	0	0	0	0	0	0
0	0	0	0	0	1	300	120	255	3
0	0	0	0	0	0	0	0	0	0
0	0	0	0	0	0	0	0	0	0
0	0	0	0	0	1	80	1	32	1
0	0	0	0	0	0	0	0	0	0
0	0	0	0	0	0	0	0	0	0
0	0	0	0	0	0	0	0	0	0
0	0	0	0	0	0	0	0	0	0
0	0	0	0	0	0	0	0	0	0
0	0	0	0	0	0	0	0	0	0
1	200	0	91	0	0	0	0	0	0
0	0	0	0	0	0	0	0	0	0
0	0	0	0	0	0	0	0	0	0
0	0	0	0	0	0	0	0	0	0
0	0	0	0	0	0	0	0	0	0
0	0	0	0	0	0	0	0	0	0
0	0	0	0	0	0	0	0	0	0

4—4 续表

省　份	举办双边学术会议					举办同港、澳地区学术会议				
	次数（次）	参加人数（人次）	#境外人员	交流论文（篇）	#境外人员论文	次数（次）	参加人数（人次）	#境外人员	交流论文（篇）	#境外人员论文
合　计	**6**	**428**	**77**	**45**	**22**	**3**	**276**	**168**	**426**	**71**
北　京	0	0	0	0	0	1	20	12	14	10
天　津	0	0	0	0	0	0	0	0	0	0
河　北	0	0	0	0	0	0	0	0	0	0
山　西	0	0	0	0	0	0	0	0	0	0
内蒙古	0	0	0	0	0	0	0	0	0	0
辽　宁	0	0	0	0	0	0	0	0	0	0
吉　林	0	0	0	0	0	0	0	0	0	0
黑龙江	0	0	0	0	0	0	0	0	0	0
上　海	4	369	62	15	7	0	0	0	0	0
江　苏	0	0	0	0	0	0	0	0	0	0
浙　江	1	24	14	24	14	0	0	0	0	0
安　徽	0	0	0	0	0	0	0	0	0	0
福　建	0	0	0	0	0	0	0	0	0	0
江　西	0	0	0	0	0	0	0	0	0	0
山　东	0	0	0	0	0	0	0	0	0	0
河　南	0	0	0	0	0	0	0	0	0	0
湖　北	0	0	0	0	0	0	0	0	0	0
湖　南	0	0	0	0	0	0	0	0	0	0
广　东	0	0	0	0	0	1	196	140	409	61
广　西	0	0	0	0	0	0	0	0	0	0
海　南	0	0	0	0	0	0	0	0	0	0
重　庆	0	0	0	0	0	0	0	0	0	0
四　川	1	35	1	6	1	1	60	16	3	0
贵　州	0	0	0	0	0	0	0	0	0	0
云　南	0	0	0	0	0	0	0	0	0	0
西　藏	0	0	0	0	0	0	0	0	0	0
陕　西	0	0	0	0	0	0	0	0	0	0
甘　肃	0	0	0	0	0	0	0	0	0	0
青　海	0	0	0	0	0	0	0	0	0	0
宁　夏	0	0	0	0	0	0	0	0	0	0
新　疆	0	0	0	0	0	0	0	0	0	0

举办海峡两岸学术会议					举办同港、澳、台地区学术会议				
次数（次）	参加人数（人次）	#境外人员	交流论文（篇）	#境外人员论文	次数（次）	参加人数（人次）	#境外人员	交流论文（篇）	#境外人员论文
8	**1069**	**205**	**185**	**58**	**0**	**0**	**0**	**0**	**0**
2	110	40	13	9	0	0	0	0	0
0	0	0	0	0	0	0	0	0	0
0	0	0	0	0	0	0	0	0	0
0	0	0	0	0	0	0	0	0	0
0	0	0	0	0	0	0	0	0	0
0	0	0	0	0	0	0	0	0	0
0	0	0	0	0	0	0	0	0	0
0	0	0	0	0	0	0	0	0	0
2	370	70	53	18	0	0	0	0	0
0	0	0	0	0	0	0	0	0	0
1	51	15	51	15	0	0	0	0	0
0	0	0	0	0	0	0	0	0	0
2	518	78	63	16	0	0	0	0	0
0	0	0	0	0	0	0	0	0	0
0	0	0	0	0	0	0	0	0	0
0	0	0	0	0	0	0	0	0	0
0	0	0	0	0	0	0	0	0	0
0	0	0	0	0	0	0	0	0	0
0	0	0	0	0	0	0	0	0	0
0	0	0	0	0	0	0	0	0	0
0	0	0	0	0	0	0	0	0	0
0	0	0	0	0	0	0	0	0	0
1	20	2	5	0	0	0	0	0	0
0	0	0	0	0	0	0	0	0	0
0	0	0	0	0	0	0	0	0	0
0	0	0	0	0	0	0	0	0	0
0	0	0	0	0	0	0	0	0	0
0	0	0	0	0	0	0	0	0	0
0	0	0	0	0	0	0	0	0	0
0	0	0	0	0	0	0	0	0	0
0	0	0	0	0	0	0	0	0	0

4—5 各计划单列市科协、

城市	举办国内									
	次数（次）	参加人数（人次）	#境外人员	交流论文（篇）	#境外人员论文	#学术年会				
						次数（次）	参加人数（人次）	#境外人员	交流论文（篇）	#境外人员论文
合　计	**318**	**109943**	**258**	**10435**	**171**	**38**	**23890**	**30**	**5590**	**35**
计划单列市小计	50	14089	200	3548	120	7	7500	0	2150	0
宁　波	21	2091	0	156	0	0	0	0	0	0
厦　门	4	568	0	232	0	1	300	0	100	0
深　圳	15	5000	200	1250	120	2	1200	0	300	0
青　岛	4	6000	0	1750	0	4	6000	0	1750	0
大　连	6	430	0	160	0	0	0	0	0	0
省会城市小计	268	95854	58	6887	51	31	16390	30	3440	35
石家庄	9	92	0	25	0	0	0	0	0	0
太　原	25	3600	0	1000	0	20	900	0	198	0
呼和浩特	1	170	0	4	0	1	170	0	4	0
沈　阳	130	60000	0	600	0	0	0	0	0	0
长　春	5	5000	0	300	0	0	0	0	0	0
哈尔滨	3	150	0	40	0	0	0	0	0	0
南　京	2	6200	30	450	35	1	6000	30	450	35
杭　州	5	2000	0	500	0	0	0	0	0	0
合　肥	5	1400	25	45	13	2	600	0	15	0
福　州	2	380	3	363	3	1	200	0	280	0
南　昌	1	120	0	3	0	0	0	0	0	0
济　南	25	4500	0	1293	0	1	3000	0	1277	0
郑　州	3	400	0	13	0	3	400	0	13	0
武　汉	5	480	0	110	0	0	0	0	0	0
长　沙	3	240	0	35	0	1	120	0	31	0
广　州	0	0	0	0	0	0	0	0	0	0
南　宁	0	0	0	0	0	0	0	0	0	0
海　口	0	0	0	0	0	0	0	0	0	0
成　都	1	5000	0	1172	0	1	5000	0	1172	0
贵　阳	2	300	0	15	0	0	0	0	0	0
昆　明	3	225	0	61	0	0	0	0	0	0
拉　萨	0	0	0	0	0	0	0	0	0	0
西　安	0	0	0	0	0	0	0	0	0	0
兰　州	9	1126	0	95	0	0	0	0	0	0
西　宁	19	2471	0	400	0	0	0	0	0	0
银　川	0	0	0	0	0	0	0	0	0	0
乌鲁木齐	10	2000	0	363	0	0	0	0	0	0

省会城市科协境内学术交流活动

学术会议					举办国际学术会议				
#青年学术年会									
次数（次）	参加人数（人次）	#境外人员	交流论文（篇）	#境外人员论文	次数（次）	参加人数（人次）	#境外人员	交流论文（篇）	#境外人员论文
2	**240**	**3**	**99**	**3**	**7**	**3788**	**450**	**881**	**324**
0	0	0	0	0	3	900	280	206	126
0	0	0	0	0	0	0	0	0	0
0	0	0	0	0	0	0	0	0	0
0	0	0	0	0	0	0	0	0	0
0	0	0	0	0	1	300	200	96	96
0	0	0	0	0	2	600	80	110	30
2	240	3	99	3	4	2888	170	675	198
0	0	0	0	0	0	0	0	0	0
0	0	0	0	0	0	0	0	0	0
0	0	0	0	0	0	0	0	0	0
0	0	0	0	0	0	0	0	0	0
0	0	0	0	0	0	0	0	0	0
0	0	0	0	0	0	0	0	0	0
0	0	0	0	0	1	150	28	90	30
0	0	0	0	0	1	2100	26	263	50
0	0	0	0	0	0	0	0	0	0
1	180	3	83	3	0	0	0	0	0
0	0	0	0	0	0	0	0	0	0
1	60	0	16	0	0	0	0	0	0
0	0	0	0	0	0	0	0	0	0
0	0	0	0	0	1	200	10	6	6
0	0	0	0	0	0	0	0	0	0
0	0	0	0	0	0	0	0	0	0
0	0	0	0	0	0	0	0	0	0
0	0	0	0	0	0	0	0	0	0
0	0	0	0	0	0	0	0	0	0
0	0	0	0	0	0	0	0	0	0
0	0	0	0	0	1	438	106	316	112
0	0	0	0	0	0	0	0	0	0
0	0	0	0	0	0	0	0	0	0
0	0	0	0	0	0	0	0	0	0
0	0	0	0	0	0	0	0	0	0
0	0	0	0	0	0	0	0	0	0
0	0	0	0	0	0	0	0	0	0

4—5 续表

城市	举办双边学术会议					举办同港、澳地区学术会议				
	次数（次）	参加人数（人次）	#境外人员	交流论文（篇）	#境外人员论文	次数（次）	参加人数（人次）	#境外人员	交流论文（篇）	#境外人员论文
合计	**10**	**550**	**5**	**73**	**2**	**3**	**145**	**0**	**30**	**0**
计划单列市小计	3	226	26	21	3	0	0	0	0	0
宁波	2	200	0	18	0	0	0	0	0	0
厦门	0	0	0	0	0	0	0	0	0	0
深圳	0	0	0	0	0	0	0	0	0	0
青岛	1	26	26	3	3	0	0	0	0	0
大连	0	0	0	0	0	0	0	0	0	0
省会城市小计	8	350	5	55	2	3	145	0	30	0
石家庄	0	0	0	0	0	0	0	0	0	0
太原	6	90	0	43	0	3	145	0	30	0
呼和浩特	0	0	0	0	0	0	0	0	0	0
沈阳	0	0	0	0	0	0	0	0	0	0
长春	0	0	0	0	0	0	0	0	0	0
哈尔滨	0	0	0	0	0	0	0	0	0	0
南京	0	0	0	0	0	0	0	0	0	0
杭州	0	0	0	0	0	0	0	0	0	0
合肥	0	0	0	0	0	0	0	0	0	0
福州	0	0	0	0	0	0	0	0	0	0
南昌	0	0	0	0	0	0	0	0	0	0
济南	0	0	0	0	0	0	0	0	0	0
郑州	0	0	0	0	0	0	0	0	0	0
武汉	1	60	4	2	2	0	0	0	0	0
长沙	0	0	0	0	0	0	0	0	0	0
广州	1	200	1	10	0	0	0	0	0	0
南宁	0	0	0	0	0	0	0	0	0	0
海口	0	0	0	0	0	0	0	0	0	0
成都	0	0	0	0	0	0	0	0	0	0
贵阳	0	0	0	0	0	0	0	0	0	0
昆明	0	0	0	0	0	0	0	0	0	0
拉萨	0	0	0	0	0	0	0	0	0	0
西安	0	0	0	0	0	0	0	0	0	0
兰州	0	0	0	0	0	0	0	0	0	0
西宁	0	0	0	0	0	0	0	0	0	0
银川	0	0	0	0	0	0	0	0	0	0
乌鲁木齐	0	0	0	0	0	0	0	0	0	0

举办海峡两岸学术会议					举办同港、澳、台地区学术会议				
次数（次）	参加人数（人次）	#境外人员	交流论文（篇）	#境外人员论文	次数（次）	参加人数（人次）	#境外人员	交流论文（篇）	#境外人员论文
2	**225**	**50**	**199**	**43**	**4**	**380**	**0**	**120**	**0**
1	150	30	189	35	4	380	0	120	0
0	0	0	0	0	0	0	0	0	0
1	150	30	189	35	0	0	0	0	0
0	0	0	0	0	4	380	0	120	0
0	0	0	0	0	0	0	0	0	0
0	0	0	0	0	0	0	0	0	0
1	75	20	10	8	0	0	0	0	0
0	0	0	0	0	0	0	0	0	0
1	75	20	10	8	0	0	0	0	0
0	0	0	0	0	0	0	0	0	0
0	0	0	0	0	0	0	0	0	0
0	0	0	0	0	0	0	0	0	0
0	0	0	0	0	0	0	0	0	0
0	0	0	0	0	0	0	0	0	0
0	0	0	0	0	0	0	0	0	0
0	0	0	0	0	0	0	0	0	0
0	0	0	0	0	0	0	0	0	0
0	0	0	0	0	0	0	0	0	0
0	0	0	0	0	0	0	0	0	0
0	0	0	0	0	0	0	0	0	0
0	0	0	0	0	0	0	0	0	0
0	0	0	0	0	0	0	0	0	0
0	0	0	0	0	0	0	0	0	0
0	0	0	0	0	0	0	0	0	0
0	0	0	0	0	0	0	0	0	0
0	0	0	0	0	0	0	0	0	0
0	0	0	0	0	0	0	0	0	0
0	0	0	0	0	0	0	0	0	0
0	0	0	0	0	0	0	0	0	0
0	0	0	0	0	0	0	0	0	0
0	0	0	0	0	0	0	0	0	0
0	0	0	0	0	0	0	0	0	0
0	0	0	0	0	0	0	0	0	0

4—6 各地区省级学会

地区	举办国内学术会议				
	次数（次）	参加人数（人次）	＃境外人员	交流论文（篇）	＃境外人员论文
合计	**7734**	**741527**	**1816**	**202905**	**733**
北京	948	101535	123	7846	55
天津	256	33360	28	4890	22
河北	186	17734	39	6727	20
山西	139	11340	92	4442	33
内蒙古	26	1668	0	1416	0
辽宁	106	6881	71	4190	0
吉林	172	15793	50	5685	21
黑龙江	104	7774	18	2894	2
上海	1208	102233	359	16630	69
江苏	371	37061	53	14604	45
浙江	415	44963	135	16114	18
安徽	223	21838	36	6204	17
福建	409	35557	34	10496	13
江西	181	18552	11	8068	4
山东	349	31374	27	16494	13
河南	234	22564	7	9422	2
湖北	209	18014	117	5578	47
湖南	282	30300	63	12916	40
广东	415	50079	348	12617	199
广西	146	11809	7	3350	1
海南	38	3164	1	3544	1
重庆	278	26819	39	4839	30
四川	267	27720	53	6482	42
贵州	110	5928	20	2202	19
云南	172	12959	12	5341	5
西藏	16	975	1	161	1
陕西	283	22731	37	4700	6
甘肃	85	7873	7	2156	2
青海	0	0	0	0	0
宁夏	44	4541	1	1131	0
新疆	62	8388	27	1766	6

境内学术交流活动

举办国际学术会议									
次数（次）	参加人数（人次）		交流论文（篇）		＃国际组织系列学术会议				
		＃境外人员		＃境外人员论文	次数（次）	参加人数（人次）	＃境外人员	交流论文（篇）	＃境外人员论文
281	**46005**	**4638**	**7693**	**2520**	**18**	**2080**	**613**	**498**	**268**
117	21937	764	1947	716	2	220	30	60	30
1	120	16	105	21	0	0	0	0	0
3	673	35	440	35	0	0	0	0	0
0	0	0	0	0	0	0	0	0	0
0	0	0	0	0	0	0	0	0	0
0	0	0	0	0	0	0	0	0	0
4	201	38	86	15	0	0	0	0	0
4	1200	2	40	1	0	0	0	0	0
54	12029	2272	2247	895	5	787	208	118	84
6	342	36	67	29	0	0	0	0	0
10	2108	281	625	159	1	40	16	20	16
10	1110	34	104	37	0	0	0	0	0
0	0	0	0	0	0	0	0	0	0
0	0	0	0	0	0	0	0	0	0
2	240	26	129	15	0	0	0	0	0
0	0	0	0	0	0	0	0	0	0
9	740	230	272	93	0	0	0	0	0
3	400	70	110	45	1	200	10	20	5
11	1355	467	363	147	2	530	260	94	57
0	0	0	0	0	0	0	0	0	0
0	0	0	0	0	0	0	0	0	0
24	1344	170	700	206	6	241	87	184	75
2	240	50	45	7	0	0	0	0	0
1	100	5	20	4	0	0	0	0	0
4	302	46	49	10	0	0	0	0	0
0	0	0	0	0	0	0	0	0	0
8	803	40	57	32	1	62	2	2	1
5	342	9	7	6	0	0	0	0	0
0	0	0	0	0	0	0	0	0	0
0	0	0	0	0	0	0	0	0	0
3	419	47	280	47	0	0	0	0	0

4—7 续表

地　区	举办双边学术会议					举办同港、澳地区学术会议				
	次数（次）	参加人数（人次）	＃境外人员	交流论文（篇）	＃境外人员论文	次数（次）	参加人数（人次）	＃境外人员	交流论文（篇）	＃境外人员论文
合　计	**128**	**7155**	**567**	**1720**	**240**	**36**	**3063**	**368**	**712**	**106**
北　京	23	1266	97	253	73	8	686	41	49	26
天　津	10	450	50	12	5	1	10	0	2	0
河　北	2	50	0	10	0	1	130	6	100	6
山　西	6	252	0	108	0	0	0	0	0	0
内蒙古	0	0	0	0	0	0	0	0	0	0
辽　宁	0	0	0	0	0	0	0	0	0	0
吉　林	0	0	0	0	0	0	0	0	0	0
黑龙江	0	0	0	0	0	0	0	0	0	0
上　海	20	1765	96	124	44	4	210	31	14	5
江　苏	3	150	6	112	6	3	145	2	21	0
浙　江	5	493	14	73	6	0	0	0	0	0
安　徽	0	0	0	0	0	0	0	0	0	0
福　建	1	40	2	18	2	0	0	0	0	0
江　西	3	306	6	36	8	0	0	0	0	0
山　东	6	278	3	171	3	1	130	8	50	5
河　南	0	0	0	0	0	0	0	0	0	0
湖　北	6	297	74	97	18	0	0	0	0	0
湖　南	9	246	0	133	0	1	40	15	10	0
广　东	2	450	12	250	20	10	1200	194	422	59
广　西	10	374	104	83	10	0	0	0	0	0
海　南	0	0	0	0	0	0	0	0	0	0
重　庆	15	373	66	198	26	5	302	68	39	3
四　川	0	0	0	0	0	0	0	0	0	0
贵　州	0	0	0	0	0	0	0	0	0	0
云　南	6	349	31	38	19	2	210	3	5	2
西　藏	0	0	0	0	0	0	0	0	0	0
陕　西	0	0	0	0	0	0	0	0	0	0
甘　肃	1	16	6	4	0	0	0	0	0	0
青　海	0	0	0	0	0	0	0	0	0	0
宁　夏	0	0	0	0	0	0	0	0	0	0
新　疆	0	0	0	0	0	0	0	0	0	0

举办海峡两岸学术会议					举办同港、澳、台地区学术会议				
次数（次）	参加人数（人次）	#境外人员	交流论文（篇）	#境外人员论文	次数（次）	参加人数（人次）	#境外人员	交流论文（篇）	#境外人员论文
41	**3614**	**743**	**1360**	**245**	**19**	**1042**	**204**	**316**	**60**
5	243	64	47	17	3	158	32	36	18
0	0	0	0	0	1	66	0	1	0
1	100	6	100	6	0	0	0	0	0
1	42	29	39	26	0	0	0	0	0
0	0	0	0	0	0	0	0	0	0
0	0	0	0	0	0	0	0	0	0
0	0	0	0	0	1	26	4	20	0
0	0	0	0	0	0	0	0	0	0
13	1176	329	156	62	2	38	38	6	4
0	0	0	0	0	1	82	15	59	12
4	368	138	108	40	1	200	100	30	19
1	180	15	148	16	0	0	0	0	0
3	113	32	130	26	0	0	0	0	0
0	0	0	0	0	0	0	0	0	0
2	53	18	35	6	1	211	0	120	0
1	47	0	32	0	0	0	0	0	0
1	50	5	50	0	2	30	2	4	0
4	232	41	112	26	0	0	0	0	0
1	800	30	300	10	2	90	3	2	2
1	100	0	60	0	0	0	0	0	0
0	0	0	0	0	0	0	0	0	0
0	0	0	0	0	0	0	0	0	0
2	60	25	30	10	1	11	0	4	0
0	0	0	0	0	0	0	0	0	0
0	0	0	0	0	3	90	10	9	5
0	0	0	0	0	0	0	0	0	0
1	50	11	13	0	0	0	0	0	0
0	0	0	0	0	1	40	0	25	0
0	0	0	0	0	0	0	0	0	0
0	0	0	0	0	0	0	0	0	0
0	0	0	0	0	0	0	0	0	0

五、科学技术普及

简要说明

一、本篇包括中国科协及所属全国性学会、省级科协及所属省级学会、地级科协、县级科协组织的各种科学技术普及活动的情况。考虑到科技周和科技下乡活动属于专项科普活动，对其进行了专题统计。

二、本篇统计资料由五部分组成：（一）中国科协、省级科协、计划单列市科协、省会城市科协科普活动情况。主要指标有：举办科普讲座、举办科普展览、举办科普宣传、现有科普场馆、现有科普教育基地、现有标准科普画廊等。（二）地级科协（计划单列市科协、省会城市科协除外）、县级科协科普活动情况。主要指标有：举办科普讲座、举办科普展览、举办科普宣传、现有科普场馆、现有科普教育基地、现有标准科普画廊、建立科普示范县、评定科普示范乡（镇）、评定科普示范村、评定科普示范户、创建农村科普示范基地等。（三）全国性学会、省级学会科普活动情况。主要指标有：举办科普讲座、举办科普展览、举办科普宣传、举办青少年科技竞赛、组织青少年参加国际竞赛、举办青少年科技夏冬令营等。（四）中国科协、省级科协、地级科协、县级科协及其所属学会参加全国科技周活动情况。主要统计在全国统一开展的科技周期间，各级科协及其所属学会投入的人力、财力和开展科普活动的情况。（五）中国科协、省级科协、地级科协、县级科协、全国性学会、省级学会科技下乡活动情况。主要统计各单位自身主办或参与科技下乡活动的次数、参加工作人员、受益乡镇和农户以及期间开展科普活动的情况。

三、第一、第二、第三部分即5—1至5—10中的活动数据均不含科技周和科技下乡期间的统计数据。

四、科技周部分仅统计全国统一开展的科技周期间本级科协及其所属学会投入的人力、财力和开展活动的情况。其他单位的相应数据不统计在内。

五、现有科普场馆、现有科普教育基地、现有标准科普画廊、建立科普示范县、评定科普示范乡（镇）、评定科普示范村、评定科普示范户、创建农村科普示范基地等指标数据为年底时点数。

主要指标解释

举办科普讲座/展览/宣传 指本单位单独或牵头组织的、面向公众以科学技术普及为目的的专题讲座/展览/宣传。在综合性科普活动（例如科技月、节、之冬、日）期间组织的各项活动均分别按专题进行统计。每个专题统计为一次。

组织工作人员 指负责组织和参与活动的工作人员和被邀请的科技专业人员。不统计受益人次。

现有科普场馆 指本单位拥有产权或使用权的、主要用于开展展览和培训等科普活动的场馆。

现有科普教育基地 指本单位单独或联合有关单位共同命名（挂牌）的用于开展科普教育活动的场馆、设施、园区，包括博物馆、纪念馆、动植物园和实验室等 。

现有标准科普画廊 指本单位建立的、固定用于向社会公众宣传科普知识的、长10米以上的橱窗（各类墙报、板报和10米以下的宣传栏等不统计在内）。建筑总长度为年末现有的科普画廊的建筑长度之和。本年展览总长度为年内实际展览的长度之和。

创建农村科普示范基地 指本单位自建、联合有关部门或专业农户共建以及参与指导或提供服务的种植、养殖、综合加工、试验开发等各类农村科普示范基地（不包括各类教育基地，青少年活动基地，科普示范县、乡、镇、村、户）。

5—1 中国科协、省级科协、计划单列市科协、省会城市科协科学技术普及活动汇总

指 标	合 计		中国科协		省级科协		计划单列市科协		省会城市科协	
	2002年	2003年	2002年	2003年	2002年	2003年	2002年	2003年	2002年	2003年
举办科普讲座(次)	1980	2346	378	132	864	809	100	181	638	1224
＃举办院士科普报告会	137	142	11	7	55	78	10	13	61	44
听讲人数(人次)	1021000	676574	185340	77800	499452	292686	106900	39710	229308	266378
＃院士科普报告会听讲人数	90580	97044	4800	10710	28430	52970	5130	8760	52220	24604
举办科普展览(次)	696	921	31	61	415	617	34	53	216	190
参观人数(人次)	6174310	5865900	1904500	1520000	3392688	3051475	162200	133700	714922	1160725
举办科普宣传(次)	1362	1256	15	42	682	798	60	108	605	308
组织工作人员(人次)	22451	17546	796	788	8836	7658	2290	2778	10529	6322
现有科普场馆(个)	46	52	2	1	34	34	3	6	7	11
现有科普教育基地(个)	901	1381	201	403	366	512	149	158	185	308
现有标准科普画廊(个)	143	874	0	0	29	139	37	147	77	588
建筑总长度(米)	3589	13073	0	0	879	2233	968	2060	1742	8780
本年展览总长度(米)	18063	44709	0	0	5319	8967	4540	7560	8204	28182

5—2 地级科协、县级科协科学技术普及活动汇总

指　标	合计		地级科协		县级科协	
	2002年	2003年	2002年	2003年	2002年	2003年
举办科普讲座(次)	74682	83870	14455	13313	60227	70557
听讲人数(人次)	24134924	21333157	2202796	2661202	21932128	18671955
举办科普展览(次)	22418	25083	4497	4788	17921	20295
参观人数(人次)	44753987	49162052	12252371	9560985	32501616	39601067
举办科普宣传(次)	36067	45080	8995	7928	27072	37152
组织工作人员(人次)	647330	722305	95604	106052	551726	616253
现有科普场馆(个)	1009	1100	194	175	815	925
现有科普教育基地(个)	6308	7459	1194	1660	5114	5799
现有标准科普画廊(个)	6322	7948	1156	1685	5166	6263
建筑总长度(米)	128467	174577	24066	30868	104401	143709
本年展览总长度(米)	538828	776917	119261	144266	419567	632651
评定科普示范乡(镇)(个)	8351	7293	1385	1730	6966	5563
评定科普示范村(个)	47024	53158	6649	9950	40375	43208
评定科普示范户(户)	1473221	1545588	147496	201320	1325725	1344268
创建农村科普示范基地(个)	21961	23245	2934	2830	19027	20415

5—3 全国性学会、省级学会科学技术普及活动汇总

指　　标		合计		全国性学会		省级学会	
		2002 年	2003 年	2002 年	2003 年	2002 年	2003 年
举办科普讲座	（次）	13029	15705	1135	1166	11894	14539
听讲人数	（人次）	2845959	2827720	291409	315803	2554550	2511917
举办科普展览	（次）	9064	3168	206	197	8858	2971
参观人数	（人次）	8769822	5697317	954894	553474	7814928	5143843
举办科普宣传	（次）	4590	4790	610	635	3980	4155
组织工作人员	（人次）	251429	57781	5016	13577	246413	44204
举办青少年科技竞赛	（次）	581	610	29	46	552	564
参赛人数	（人次）	5691530	7384900	1833422	1921668	3858108	5463232
组织青少年参加国际竞赛	（次）	8	6	8	6		
参赛人数	（人次）	43	33	43	33		
获奖人数	（人次）	33	26	33	26		
举办青少年科技夏冬令营	（次）	540	342	48	57	492	285
参加人数	（人次）	62387	39815	5919	6216	56468	33599

5—4 各省级科协科学

省份	举办科普讲座				举办科普展览	
	次数(次)	#院士科普报告会	听讲人数(人次)	#院士科普报告会听讲人数	次数(次)	参观人数(人次)
合计	**809**	**78**	**292686**	**52970**	**617**	**3051475**
北京	40	2	24280	600	18	155000
天津	12	0	3600	0	1	1000
河北	2	0	600	0	16	47300
山西	153	0	34030	0	80	121000
内蒙古	49	0	8150	0	36	295410
辽宁	16	0	14000	0	37	206000
吉林	25	1	9172	400	8	166000
黑龙江	1	1	2300	2300	14	200000
上海	61	7	16944	3500	44	147000
江苏	18	0	9000	0	42	24000
浙江	21	3	6200	1500	9	25600
安徽	12	2	3400	400	2	11000
福建	45	14	17100	10550	5	150000
江西	16	0	5000	0	4	2000
山东	33	2	11000	2100	6	350505
河南	11	4	4000	800	26	202700
湖北	98	14	21800	4700	11	263000
湖南	7	1	2600	60	14	37000
广东	4	0	580	0	4	42310
广西	29	4	14100	3300	30	116500
海南	8	1	2420	2000	30	42000
重庆	28	1	8920	3500	12	35000
四川	6	0	10000	0	3	1000
贵州	25	16	36100	12000	10	10800
云南	30	0	3210	0	8	57500
西藏	0	0	0	0	12	4350
陕西	35	1	7580	400	36	16000
甘肃	9	0	7000	0	15	26500
青海	0	0	0	0	7	35000
宁夏	6	3	6000	4800	18	95000
新疆	9	1	3600	60	59	165000

技术普及活动

举办科普宣传		现有科普场馆（个）	现有科普教育基地（个）	现有标准科普画廊		
次数（次）	组织工作人员（人次）			个数（个）	建筑总长度（米）	本年展览总长度（米）
798	**7658**	**34**	**512**	**139**	**2233**	**8967**
2	120	1	5	4	116	264
0	0	0	24	0	0	0
12	80	1	1	1	30	120
121	500	3	26	0	0	0
45	265	0	0	0	0	0
7	450	1	6	1	20	20
31	235	1	3	0	0	0
2	36	2	15	80	800	960
7	90	1	0	1	12	72
32	98	0	11	0	0	0
26	526	1	7	2	21	21
21	81	1	16	2	40	80
5	34	1	88	1	100	100
9	355	0	8	0	0	0
29	40	2	74	0	0	0
87	795	2	33	10	100	4500
3	57	1	46	1	10	120
12	232	1	49	1	50	0
2	30	1	0	1	400	200
52	405	2	1	0	0	0
9	1040	1	0	0	0	0
17	130	0	10	0	0	0
2	6	0	0	0	0	0
19	196	0	26	25	250	250
19	260	3	3	0	0	0
6	140	1	1	5	122	0
49	86	1	22	1	12	60
13	480	0	6	0	0	0
10	240	1	7	0	0	0
92	251	1	12	1	100	2000
57	400	4	12	2	50	200

5—5 各计划单列市科协、省会城市科协

城市	举办科普讲座				举办科普展览	
	次数(次)	#院士科普报告会	听讲人数(人次)	#院士科普报告会听讲人数	次数(次)	参观人数(人次)
合计	**1405**	**57**	**306088**	**33364**	**243**	**1294425**
计划单列市小计	181	13	39710	8760	53	133700
宁波	105	5	25050	5050	3	12000
厦门	3	3	1560	1560	3	47000
深圳	15	2	5000	650	3	10000
青岛	15	3	4000	1500	6	15700
大连	43	0	4100	0	38	49000
省会城市小计	1224	44	266378	24604	190	1160725
石家庄	7	0	3393	0	2	1000
太原	15	0	3000	0	16	6000
呼和浩特	10	1	1050	150	4	40000
沈阳	24	0	5000	0	17	100000
长春	410	4	30000	4000	6	16000
哈尔滨	173	4	110000	1600	18	520000
南京	14	5	11200	5000	4	3500
杭州	116	0	6500	0	1	20000
合肥	0	0	0	0	15	48000
福州	48	4	2500	1500	4	40000
南昌	10	1	1300	800	1	15000
济南	26	3	11000	2000	25	30000
郑州	7	1	12000	1800	5	20000
武汉	52	2	5080	2080	2	40000
长沙	6	1	4000	1000	3	6000
广州	58	5	12200	1200	1	10000
南宁	1	0	50	0	0	0
海口	12	0	1008	0	3	2500
成都	18	2	2663	244	3	31135
贵阳	18	8	4500	2600	2	2000
昆明	27	2	21000	350	15	50000
拉萨	0	0	0	0	0	0
西安	0	0	0	0	13	65000
兰州	31	0	5610	0	8	53100
西宁	27	0	11044	0	11	29590
银川	10	0	600	0	8	10000
乌鲁木齐	104	1	1680	280	3	1900

科学技术普及活动

举办科普宣传		现有科普场馆（个）	现有科普教育基地（个）	现有标准科普画廊		
次数（次）	组织工作人员（人次）			个数（个）	建筑总长度（米）	本年展览总长度（米）
416	**9100**	**17**	**466**	**735**	**10840**	**35742**
108	2778	6	158	147	2060	7560
3	78	0	12	0	0	0
2	44	0	30	0	0	0
10	10	1	26	7	480	1440
3	46	4	74	0	0	0
90	2600	1	16	140	1580	6120
308	6322	11	308	588	8780	28182
2	30	0	10	0	0	0
20	100	0	10	20	800	800
3	24	1	2	1	84	416
12	120	0	14	346	3520	10560
45	140	1	7	0	0	0
43	1300	1	18	46	500	2200
2	120	0	18	1	30	220
7	500	1	17	0	0	0
5	40	1	1	3	228	912
0	0	1	26	2	75	480
5	83	0	4	0	0	0
30	500	1	14	1	10	10
2	20	1	6	0	0	0
10	60	1	15	0	0	0
7	140	1	25	52	2100	10500
0	0	0	2	11	330	330
1	16	0	11	0	0	0
5	100	0	3	2	20	0
6	120	0	9	1	24	800
15	600	0	10	12	120	200
11	120	0	42	0	0	0
1	49	0	2	2	54	54
9	27	0	0	3	30	30
30	450	0	0	0	0	0
13	1103	1	30	31	310	370
18	60	0	0	0	0	0
6	500	0	12	54	545	300

5—6 各地区地级科协科学

地区	举办科普讲座		举办科普展览		举办科普宣传		现有科普场馆（个）
	次数（次）	听讲人数（人次）	次数（次）	参观人数（人次）	次数（次）	组织工作人员（人次）	
合计	**13313**	**2661202**	**4788**	**9560985**	**7928**	**106052**	**175**
北京	1918	373809	921	762784	725	6026	17
天津	561	113244	397	231366	420	3795	5
河北	40	23500	43	120200	35	290	3
山西	255	67552	84	216660	108	1804	2
内蒙古	324	45820	267	139300	250	2932	5
辽宁	384	70870	181	344400	343	4669	11
吉林	338	213870	65	187500	801	25818	5
黑龙江	4234	223238	294	268240	220	4808	2
上海	2160	254294	371	236725	1519	5484	20
江苏	308	83460	123	724800	290	2991	2
浙江	160	41309	65	384380	114	5306	5
安徽	74	54990	80	222630	80	2012	3
福建	48	14430	40	118500	36	402	5
江西	62	35479	37	115495	41	653	3
山东	356	82080	297	912100	275	3109	26
河南	178	64566	191	609710	213	2665	2
湖北	66	34390	61	423420	98	1331	10
湖南	60	22931	70	233440	99	2535	10
广东	188	94420	176	859300	182	5645	11
广西	73	19006	27	155043	90	6852	3
海南	4	3000	5	1500	6	36	0
重庆	728	82466	269	405625	928	2776	2
四川	88	43060	142	192215	120	2849	6
贵州	48	31937	39	80900	57	1774	2
云南	24	9340	35	279800	58	1046	3
西藏	18	6900	18	12300	14	200	1
陕西	236	268944	157	820400	434	4996	2
甘肃	73	170243	106	217192	158	1641	3
青海	24	5372	48	51900	86	538	1
宁夏	5	680	43	91000	27	385	0
新疆	278	106002	136	142160	101	684	5

技术普及活动

现有科普教育基地（个）	现有标准科普画廊			评定科普示范乡（镇）（个）	评定科普示范村（个）	评定科普示范户（户）	创建农村科普示范基地（个）
	个数（个）	建筑总长度（米）	本年展览总长度（米）				
1660	**1685**	**30868**	**144266**	**1730**	**9950**	**201320**	**2830**
155	787	10026	37706	40	69	1701	53
67	128	2002	4936	34	73	2346	71
17	3	280	320	11	5	0	33
25	30	722	1164	283	3051	103840	54
15	2	156	236	20	5	0	12
144	86	1329	6628	46	134	3502	55
47	14	162	860	30	134	10000	58
90	25	328	1783	112	589	4047	466
147	115	3841	27298	6	297	154	20
136	73	1099	10190	115	779	3422	421
35	108	1161	7870	42	144	200	37
44	42	1094	5300	22	1	0	115
61	16	227	1302	36	312	4710	3
13	7	126	858	21	16	22	19
107	36	1535	6610	190	768	20427	395
52	14	417	2864	117	116	3600	80
35	18	432	1164	54	155	2468	87
85	35	2011	6088	129	509	1147	260
78	42	1278	8990	30	0	40	36
43	3	200	2200	21	362	6706	39
2	0	0	0	0	0	0	0
46	32	527	2261	23	50	396	67
35	13	152	644	128	246	3961	121
26	3	220	650	3	14	10	27
10	6	145	493	13	241	1325	80
2	6	70	2612	1	2	6	2
88	7	431	620	78	199	2905	148
11	22	547	1488	35	1209	13263	50
1	2	20	96	1	0	0	4
6	7	195	720	0	0	0	10
37	3	135	315	89	470	11122	7

5—7 各地区县级科协

地区	举办科普讲座		举办科普展览		举办科普宣传		现有科普场馆（个）
	次数（次）	听讲人数（人次）	次数（次）	参观人数（人次）	次数（次）	组织工作人员（人次）	
合计	**70557**	**18671955**	**20295**	**39601067**	**37152**	**616253**	**925**
北京	402	20800	37	56600	7	220	2
天津	69	11306	12	9500	67	310	0
河北	2449	957664	1561	2239130	1595	15423	94
山西	2503	656119	813	1152608	2906	18286	21
内蒙古	4333	693066	503	830942	1076	11415	61
辽宁	8373	1454885	926	1744035	5508	29777	21
吉林	3436	645682	349	634330	424	9846	29
黑龙江	11044	1858052	1314	1662756	1470	16435	36
上海	20	3200	8	14000	21	150	1
江苏	3894	910899	1170	2077549	1865	50426	0
浙江	1671	571985	698	1737937	1778	26420	12
安徽	1132	540779	821	1657936	1035	14295	28
福建	1947	305407	1077	1243874	1517	34627	23
江西	1168	349374	538	758592	588	5593	8
山东	4137	2873767	1716	3862967	2410	31852	69
河南	2828	1518620	1270	4510130	2237	18846	72
湖北	3724	610489	497	2043900	1367	16493	55
湖南	1315	518611	513	1518520	812	10312	91
广东	3048	455145	834	1886268	1888	72662	75
广西	2193	453918	762	1615715	1286	121987	27
海南	288	96460	75	136902	127	1514	12
重庆	204	64759	193	475235	235	4657	4
四川	1218	268109	894	1453535	1169	29127	17
贵州	703	177392	553	781131	766	13464	6
云南	1499	241170	772	1194924	1527	11244	16
西藏	0	0	0	0	0	0	0
陕西	1586	1079299	925	1202068	1454	23359	38
甘肃	3119	810829	871	1701802	978	10187	88
青海	485	166485	243	629583	297	11828	3
宁夏	932	125518	144	305902	208	2594	7
新疆	837	232166	206	462696	534	2904	9

科学技术普及活动

现有科普教育基地（个）	现有标准科普画廊			评定科普示范乡（镇）（个）	评定科普示范村（个）	评定科普示范户（户）	创建农村科普示范基地（个）
	个数（个）	建筑总长度（米）	本年展览总长度（米）				
5799	**6263**	**143709**	**632651**	**5563**	**43208**	**1344268**	**20415**
7	5	94	300	0	5	0	2
3	1	20	100	9	1	878	7
217	208	4204	8640	312	2658	44947	800
193	77	1835	4413	379	3451	134304	683
200	114	1758	4057	165	754	24344	727
497	349	6271	15739	204	1187	23641	1231
149	37	423	2018	131	796	25553	563
143	180	2326	10287	147	948	16637	936
4	17	170	2040	8	14	200	14
709	1027	26854	120731	442	3556	109629	1262
183	771	12848	52744	86	398	42496	628
178	210	3918	21040	177	1287	25736	1172
212	324	3944	43035	136	857	11590	481
98	64	1212	5681	149	663	8959	328
460	546	14488	53970	566	5967	132012	2687
349	185	6939	19684	511	3386	117062	1316
195	320	5944	26289	195	922	28999	668
409	273	10571	16736	251	1499	8779	907
268	449	9925	38173	128	2863	14466	714
261	166	8603	13533	142	980	34391	896
10	3	42	152	15	105	1638	113
16	25	323	1831	79	322	9879	233
333	135	2150	8259	565	4344	214737	1473
56	89	2639	58903	69	726	15554	845
97	276	3894	12387	53	1179	102279	346
0	0	0	0	0	0	0	0
172	98	1845	7030	209	1492	56190	535
133	106	2276	7833	291	1678	107748	571
71	19	190	130	13	78	1800	21
85	145	7528	76144	45	171	5114	117
91	44	475	772	86	921	24706	139

5—8 各地区省级学会

地区	举办科普讲座		举办科普展览		举办科
	次数（次）	听讲人数（人次）	次数（次）	参观人数（人次）	次数（次）
合计	**14539**	**2511917**	**2971**	**5143843**	**4155**
北京	879	246699	89	451588	285
天津	437	65610	110	226428	141
河北	588	80489	283	211975	261
山西	313	50814	37	50286	139
内蒙古	45	9888	10	89230	23
辽宁	120	24206	20	31548	42
吉林	653	75505	166	381863	57
黑龙江	125	19085	29	49095	161
上海	1379	171856	476	625909	225
江苏	716	74454	169	321717	338
浙江	303	63558	95	304700	116
安徽	324	48612	63	101749	138
福建	520	53491	103	220121	243
江西	232	40840	59	59689	147
山东	370	70295	65	85831	121
河南	282	127972	29	37818	80
湖北	332	73254	71	249480	65
湖南	447	101808	163	88375	132
广东	974	144757	326	158385	310
广西	303	52354	102	171231	175
海南	67	35147	28	39470	23
重庆	460	42106	104	191408	248
四川	162	38006	17	18781	63
贵州	2316	491959	21	192560	74
云南	1027	103045	34	78050	58
西藏	398	33621	35	132500	43
陕西	341	81919	179	449756	228
甘肃	224	42668	11	13300	26
青海	0	0	0	0	0
宁夏	84	17939	65	95500	119
新疆	118	29960	12	15500	74

科学技术普及活动

普宣传	举办青少年科技竞赛		举办青少年科技夏冬令营	
组织工作人员（人次）	次数（次）	参赛人数（人次）	次数（次）	参加人数（人次）
44204	**564**	**5463232**	**285**	**33599**
2024	35	422694	16	734
967	24	70313	7	498
1234	58	61137	5	170
1065	12	34384	6	110
186	4	9563	0	0
1921	5	207	2	86
564	12	122370	9	1163
2333	6	904	1	5
1392	76	323497	21	1187
2045	26	221040	46	12528
1777	30	923347	9	3153
832	27	64917	14	864
3184	17	24231	17	1814
1449	16	29109	6	360
1465	13	686717	7	1109
1328	8	20000	9	626
738	10	36034	16	1756
1561	28	67110	12	1386
1938	21	33583	4	204
1566	15	51471	9	424
280	4	500	2	61
4323	23	510136	14	686
885	11	658610	5	281
1504	12	91200	8	424
334	8	811970	3	82
1592	3	626	1	48
1442	30	141454	15	2124
2811	5	4180	2	29
0	0	0	0	0
993	9	19202	4	237
471	16	22726	15	1450

5—9　中国科协、省级科协、计划单列市科协、省会城市科协及

指　　标		合　　计		中国科协	
		2002年	2003年	2002年	2003年
参与科技周活动的直属单位	（个）	430	181	8	12
参与工作人员	（人）	9808	2157	120	150
参与科技周活动的所属学会	（个）	1763	868	65	20
参与工作人员	（人）	13866	5081	200	180
邀请党政领导干部	（人）	1232	1039	0	0
邀请科技专业人员	（人）	19011	22608	2595	48
筹集用于科技周活动的经费	（千元）	17658	18249	1700	900
#财政补助		13267	15122	1700	900
社会资助和捐赠		3307	2877	0	0
举办科普讲座(报告)	（次）	1238	477	48	0
#院士科普报告会		57	98	1	0
听讲人数	（人次）	715354	2501749	5000	0
举办科普展览	（次）	580	384	20	1
参观人数	（人次）	3151908	2460569	150000	7000
举办科普宣传	（次）	1121	586	2	0
组织工作人员	（人次）	16479	5033	2535	0
开展科普咨询	（项）	1803	682	85	0
参加咨询的科技专业人员	（人次）	13642	4090	2595	0
举办科技竞赛	（项）	182	126	3	0
参加人数	（人次）	1166450	2839895	100	0
举办科技研讨	（次）	123	288	1	0
参加人数	（人次）	9412	57631	500	0
组织科普演出	（场）	109	113	0	0
组织工作人员	（人次）	4922	1273	0	0
举办实用技术培训	（次）	1952	285	3	0
参加人数	（人次）	740804	16423	200	0
组织科技下乡	（次）	324	250	1	0
开展科普活动	（项）	1328	397	6	0
放映科普影视节目	（部）	709	373	86	40
观看人数	（人次）	2345515	1987568	10000	1400000
开放科普教育基地	（个）	377	347	19	0
参观人数	（人次）	2597000	1735775	125000	0
发放宣传资料	（种）	1662	838	184	6
发放份数	（千份）	256815	12613	734	3320
制作展出科普展板	（块）	10184	9976	1130	12
展板展出总长度	（米）	32372	20444	1017	12

所属学会参加全国科技周情况汇总

省级科协		计划单列市科协		省会城市科协	
2002 年	2003 年	2002 年	2003 年	2002 年	2003 年
256	106	47	11	119	52
7830	1335	239	204	1619	468
978	368	114	105	606	375
7685	2162	571	525	5410	2214
707	292	82	85	443	662
9355	14950	1600	400	5461	7210
13115	9326	480	920	2363	7103
9609	7688	180	500	1778	6034
3060	1452	0	420	247	1005
485	141	474	113	231	223
43	6	5	0	8	92
186530	2001216	460137	38000	63687	462533
224	118	254	40	82	225
1454700	1607169	1232800	54000	314408	792400
278	122	720	151	121	313
8329	1616	1490	1125	4125	2292
585	215	301	55	832	412
7483	2013	676	573	2888	1504
88	82	14	9	77	35
957263	2777557	73400	34600	135687	27738
64	54	5	3	53	231
5655	5439	447	320	2810	51872
54	54	22	11	33	48
657	310	267	221	3998	742
144	53	135	47	1670	185
16058	3593	10360	1990	714186	10840
127	80	82	41	114	129
451	123	161	49	710	225
190	256	224	13	209	64
1588375	188608	253250	15600	493890	383360
181	152	66	31	111	164
2166520	848200	88080	150000	217400	737575
865	531	46	32	567	269
123947	4138	547	744	131587	4411
5724	6016	390	354	2940	3594
26701	5562	468	365	4186	14505

5—10 地级科协、县级科协及所属学会参加全国科技周情况汇总

指标		合计		地级科协		县级科协	
		2002年	2003年	2002年	2003年	2002年	2003年
参与科技周活动的直属单位	（个）	14042	878	3199	395	10843	483
参与工作人员	（人）	209656	4174	34164	2249	175492	1925
参与科技周活动的所属学会	（个）	25073	24586	5541	4975	19532	19611
参与工作人员	（人）	155200	153061	34175	31752	121025	121309
邀请党政领导干部	（人）	35332	35239	7255	7152	28077	28087
邀请科技专业人员	（人）	124659	126149	30785	30198	93874	95951
筹集用于科技周活动的经费	（千元）	337951	145058	174797	10022	163154	135036
#财政补助		223773	76204	137317	7428	86456	68776
社会资助和捐赠		35022	34604	7107	1030	27915	33574
举办科普讲座(报告)	（次）	13843	15248	2760	2624	11083	12624
#院士科普报告会		2090	358	115	86	1975	272
听讲人数	（人次）	3660869	3838222	884232	695564	2776637	3142658
举办科普展览	（次）	13129	12180	1558	2162	11571	10018
参观人数	（人次）	23687000	22568469	8998241	4286849	14688759	18281620
举办科普宣传	（次）	13978	16682	2545	3052	11433	13630
组织工作人员	（人次）	456376	684140	36422	336651	419954	347489
开展科普咨询	（项）	21231	28719	3837	4385	17394	24334
参加咨询的科技专业人员	（人次）	137044	213925	65143	42147	71901	171778

5—10 续表

指　　标		合　计		地级科协		县级科协	
		2002 年	2003 年	2002 年	2003 年	2002 年	2003 年
举办科技竞赛	（项）	3402	2921	664	525	2738	2396
参加人数	（人次）	4670577	4182632	1125769	1342340	3544808	2840292
举办科技研讨	（次）	2358	2647	564	609	1794	2038
参加人数	（人次）	125370	194333	34464	39999	90906	154334
组织科普演出	（场）	3873	2450	551	290	3322	2160
组织工作人员	（人次）	190841	53897	53243	6439	137598	47458
举办实用技术培训	（次）	24248	34748	2655	2626	21593	32122
参加人数	（人次）	3502913	3846303	534214	306097	2968699	3540206
组织科技下乡	（次）	10095	10865	1456	1079	8639	9786
开展科普活动	（项）	70743	36566	6163	5604	64580	30962
放映科普影视节目	（部）	23292	15666	2118	1652	21174	14014
观看人数	（人次）	14048000	17407547	1508249	3655403	12539751	13752144
开放科普教育基地	（个）	2701	2985	650	754	2051	2231
参观人数	（人次）	4971922	6727352	1757026	2243146	3214896	4484206
发放宣传资料	（种）	117748	39586	8062	9517	109686	30069
发放份数	（千份）	3605834	416374	586278	31413	3019556	384961
制作展出科普展板	（块）	142147	137733	36272	34827	105875	102906
展板展出总长度	（米）	270978	369069	57535	95459	213443	273610

5—11 各省级科协及所属学会

省份	参与科技周活动的直属单位		参与科技周活动的所属学会		邀请党政领导干部(人)	邀请科技专业人员(人)	筹集用于科技周活动的经费(千元)		
	个数(个)	参与工作人员(人)	个数(个)	参与工作人员(人)				#财政补助	#社会资助和捐赠
合计	**106**	**1335**	**368**	**2162**	**292**	**14950**	**9326**	**7688**	**1452**
北京	12	235	75	700	40	13000	2250	1250	1000
天津	4	26	14	28	0	0	1000	1000	0
河北	0	0	0	0	0	0	0	0	0
山西	6	6	0	0	5	0	170	170	0
内蒙古	0	0	0	0	0	0	0	0	0
辽宁	0	0	0	0	0	0	0	0	0
吉林	0	0	0	0	0	0	0	0	0
黑龙江	0	0	0	0	0	0	0	0	0
上海	5	55	36	100	144	720	3000	3000	0
江苏	14	137	48	327	5	32	900	900	0
浙江	3	52	0	0	0	0	380	380	0
安徽	2	64	0	0	3	17	0	0	0
福建	6	80	19	39	35	150	400	250	150
江西	3	18	17	120	0	400	38	38	0
山东	4	38	18	79	3	67	0	0	0
河南	0	0	1	5	0	10	0	0	0
湖北	5	65	0	0	0	0	15	5	0
湖南	2	60	0	0	0	0	0	0	0
广东	5	150	30	200	10	200	800	500	300
广西	6	40	3	40	0	40	0	0	0
海南	1	30	10	203	25	170	30	30	0
重庆	5	24	25	80	7	12	80	78	2
四川	2	10	0	0	0	0	10	10	0
贵州	1	15	0	0	0	5	0	0	0
云南	6	76	46	48	0	0	105	55	0
西藏	0	0	0	0	5	12	3	0	0
陕西	0	0	0	0	0	0	0	0	0
甘肃	2	18	1	148	8	50	5	2	0
青海	2	66	5	15	0	35	20	0	0
宁夏	5	20	0	0	2	30	100	0	0
新疆	5	50	20	30	0	0	20	20	0

参加全国科技周情况

举办科普讲座(报告)			举办科普展览		举办科普宣传		开展科普咨询	
次数（次）	#院士科普报告会	听讲人数（人次）	次数（次）	参观人数（人次）	次数（次）	组织工作人员（人次）	次数（项）	参加咨询的科技专业人员（人次）
141	**6**	**2001216**	**118**	**1607169**	**122**	**1616**	**215**	**2013**
55	0	4300	30	300000	0	0	170	1500
0	0	0	0	0	2	50	0	0
0	0	0	0	0	0	0	0	0
0	0	0	0	0	0	0	0	0
0	0	0	0	0	0	0	0	0
0	0	0	1	1000	1	30	0	0
0	0	0	0	0	0	0	0	0
0	0	0	0	0	0	0	0	0
18	1	1969100	5	201000	20	700	5	175
11	0	560	3	12000	17	48	9	71
0	0	0	0	0	4	4	0	0
0	0	0	0	0	3	80	0	0
2	2	250	3	100000	2	25	0	0
0	0	0	3	20000	2	65	2	40
5	1	2469	7	700000	6	15	1	2
3	0	2000	2	2300	0	0	0	0
0	0	0	0	0	2	11	0	0
0	0	0	0	0	0	0	0	0
0	0	0	5	30000	5	100	3	50
3	0	200	0	0	1	40	0	0
0	0	0	15	30000	13	126	3	45
3	1	4200	7	24000	6	28	0	0
1	1	450	1	20000	0	0	0	0
0	0	0	0	0	0	0	0	0
22	0	11607	2	1869	3	20	0	0
0	0	0	1	15000	2	30	2	30
14	0	2580	0	0	22	35	12	20
2	0	2000	25	89000	9	89	3	60
2	0	1500	1	11000	2	120	5	20
0	0	0	0	0	0	0	0	0
0	0	0	7	50000	0	0	0	0

5—11 续表

省份	举办科技竞赛		举办科技研讨		举办科普演出		举办实用技术培训	
	项数（项）	参加人数（人次）	次数（次）	参加人数（人次）	次数（场）	组织工作人员（人次）	次数（次）	参加人数（人次）
合计	**82**	**2777557**	**54**	**5439**	**54**	**310**	**53**	**3593**
北京	45	2500	38	1600	50	160	23	1400
天津	1	4000	0	0	0	0	0	0
河北	0	0	0	0	0	0	0	0
山西	0	0	0	0	0	0	0	0
内蒙古	0	0	0	0	0	0	0	0
辽宁	0	0	0	0	0	0	0	0
吉林	0	0	0	0	0	0	0	0
黑龙江	0	0	0	0	0	0	0	0
上海	6	1207	3	120	0	0	4	200
江苏	1	1070000	4	82	0	0	0	0
浙江	0	0	0	0	0	0	0	0
安徽	0	0	1	17	0	0	0	0
福建	3	600	0	0	0	0	9	640
江西	0	0	0	0	0	0	0	0
山东	0	0	0	0	0	0	2	690
河南	0	0	0	0	0	0	0	0
湖北	0	0	0	0	0	0	0	0
湖南	0	0	0	0	0	0	0	0
广东	3	1500000	0	0	0	0	10	100
广西	0	0	0	0	0	0	0	0
海南	1	250	0	0	0	0	2	83
重庆	2	92000	1	120	0	0	3	480
四川	0	0	0	0	0	0	0	0
贵州	6	64500	0	0	0	0	0	0
云南	2	3400	1	500	0	0	0	0
西藏	0	0	0	0	0	0	0	0
陕西	8	26000	0	0	0	0	0	0
甘肃	2	100	0	0	4	150	0	0
青海	1	12000	0	0	0	0	0	0
宁夏	0	0	0	0	0	0	0	0
新疆	1	1000	6	3000	0	0	0	0

组织科技下乡活动		放映科普影视节目		开放科普教育基地		发放宣传资料		制作展出科普展板	
次数（次）	开展科普活动（项）	数量（部）	观看人数（人次）	个数（个）	参观人数（人次）	种类（种）	发放份数（千份）	数量（块）	展板展出总长度（米）
80	**123**	**256**	**188608**	**152**	**848200**	**531**	**4138**	**6016**	**5562**
37	50	100	15000	14	1300	170	85	1300	1200
1	1	0	0	0	0	9	258	0	0
0	0	0	0	0	0	0	0	0	0
0	0	0	0	0	0	10	250	40	50
0	0	0	0	0	0	0	0	0	0
0	0	0	0	6	3000	1	30	1500	0
0	0	0	0	0	0	0	0	0	0
0	0	0	0	0	0	0	0	0	0
0	0	18	85500	0	0	50	99	250	225
3	14	24	450	0	0	90	790	0	0
2	2	0	0	0	0	3	118	0	0
1	4	1	1000	0	0	8	89	26	26
0	0	0	0	0	0	8	150	0	0
0	0	0	0	0	0	22	90	70	535
1	4	60	1800	34	346900	60	480	100	100
0	0	0	0	0	0	0	0	0	0
0	0	0	0	17	55000	5	9	0	0
0	0	0	0	0	0	0	0	0	0
3	5	4	10000	34	300000	3	150	30	300
1	1	0	0	0	0	1	20	46	46
3	4	6	3000	6	25000	18	51	83	640
4	7	2	780	5	22000	12	320	120	180
0	0	0	0	6	30000	5	5	135	70
0	0	0	0	17	50000	0	0	0	0
4	9	2	1078	9	10000	20	155	120	144
0	0	0	0	0	0	10	15	0	0
18	18	15	50000	0	0	5	20	229	257
0	0	24	20000	0	0	5	2	138	70
2	4	0	0	4	5000	1	22	100	90
0	0	0	0	0	0	5	790	1700	1600
0	0	0	0	0	0	10	140	29	29

5－12 各计划单列市科协、省会城市科协及

城市	参与科技周活动的直属单位		参与科技周活动的所属学会		邀请党政领导干部（人）	邀请科技专业人员（人）	筹集用于科技周活动的经费（千元）		
	个数（个）	参与工作人员（人）	个数（个）	参与工作人员（人）				#财政补助	#社会资助和捐赠
合计	**63**	**672**	**480**	**2739**	**747**	**7610**	**8023**	**6534**	**1425**
计划单列市小计	11	204	105	525	85	400	920	500	420
宁波	3	40	20	150	4	60	650	230	420
厦门	2	8	35	60	5	100	150	150	0
深圳	1	1	10	15	40	80	0	0	0
青岛	5	155	40	300	36	160	120	120	0
大连	0	0	0	0	0	0	0	0	0
省会城市小计	52	468	375	2214	662	7210	7103	6034	1005
石家庄	1	8	31	280	12	0	20	20	0
太原	2	12	0	0	10	200	0	0	0
呼和浩特	2	17	10	150	4	0	0	0	0
沈阳	7	59	52	140	150	5200	6000	5000	1000
长春	1	24	12	115	20	55	30	0	0
哈尔滨	0	0	7	28	8	69	0	0	0
南京	3	13	4	40	10	145	300	300	0
杭州	3	52	0	0	0	0	380	380	0
合肥	1	50	5	10	4	40	0	0	0
福州	6	51	15	180	10	180	50	50	0
南昌	2	22	13	120	3	120	20	0	0
济南	0	0	0	0	0	0	0	0	0
郑州	4	46	0	0	13	20	0	0	0
武汉	0	0	0	0	0	0	0	0	0
长沙	0	0	42	200	20	120	50	50	0
广州	5	30	0	0	0	0	0	0	0
南宁	0	0	0	0	0	0	0	0	0
海口	0	0	0	0	3	2	0	0	0
成都	3	24	29	280	2	0	74	74	0
贵阳	1	3	30	27	4	150	11	11	0
昆明	3	15	24	66	19	70	50	50	0
拉萨	0	0	1	49	6	20	15	1	5
西安	0	0	0	0	0	0	0	0	0
兰州	0	0	0	0	0	0	0	0	0
西宁	3	12	32	149	330	465	80	75	0
银川	1	4	26	62	14	47	3	3	0
乌鲁木齐	4	26	42	318	20	307	20	20	0

所属学会参加全国科技周情况

举办科普讲座(报告)			举办科普展览		举办科普宣传		开展科普咨询	
次数（次）	#院士科普报告会	听讲人数（人次）	次数（次）	参观人数（人次）	次数（次）	组织工作人员（人次）	次数（项）	参加咨询的科技专业人员（人次）
336	**92**	**500533**	**265**	**846400**	**464**	**3417**	**467**	**2077**
113	0	38000	40	54000	151	1125	55	573
4	0	10000	27	24000	27	130	5	15
0	0	0	0	0	2	335	1	38
0	0	0	0	0	2	10	4	60
109	0	28000	13	30000	120	650	45	460
0	0	0	0	0	0	0	0	0
223	92	462533	225	792400	313	2292	412	1504
1	0	1000	1	3000	1	50	1	20
5	0	800	3	100000	2	60	2	20
0	0	0	4	1000	1	5	0	0
105	89	300000	1	50000	40	300	115	142
4	1	3000	4	15000	3	35	0	0
0	0	0	0	0	22	95	6	30
10	0	100000	0	0	1	44	1	30
0	0	0	0	0	4	4	0	0
0	0	0	4	12000	2	20	1	15
2	2	1000	1	20000	0	0	0	0
6	0	480	20	16000	5	70	13	150
0	0	0	0	0	0	0	0	0
0	0	0	0	0	0	0	0	0
1	0	40	2	40000	0	0	0	0
22	0	12000	2	5000	7	140	2	40
0	0	0	0	0	0	0	0	0
0	0	0	0	0	0	0	0	0
1	0	300	1	200	1	15	0	0
6	0	400	0	0	43	380	20	100
3	0	600	0	0	2	90	0	0
6	0	3460	3	51200	18	93	34	167
0	0	0	0	0	1	49	1	20
0	0	0	13	65000	7	17	38	95
0	0	0	0	0	0	0	0	0
35	0	37223	116	404000	140	761	162	359
1	0	230	0	0	3	14	1	16
15	0	2000	50	10000	10	50	15	300

5—12 续表

城市	举办科技竞赛		举办科技研讨		举办科普演出		举办实用技术培训	
	项数（项）	参加人数（人次）	次数（次）	参加人数（人次）	次数（场）	组织工作人员（人次）	次数（次）	参加人数（人次）
合　计	**44**	**62338**	**234**	**52192**	**59**	**963**	**232**	**12830**
计划单列市小计	9	34600	3	320	11	221	47	1990
宁　波	0	0	0	0	9	200	0	0
厦　门	1	32000	0	0	0	0	35	550
深　圳	0	0	0	0	0	0	0	0
青　岛	8	2600	3	320	2	21	12	1440
大　连	0	0	0	0	0	0	0	0
省会城市小计	35	27738	231	51872	48	742	185	10840
石家庄	0	0	0	0	0	0	0	0
太　原	0	0	0	0	0	0	0	0
呼和浩特	4	4304	0	0	0	0	9	1000
沈　阳	8	10000	70	1240	0	0	5	500
长　春	1	870	150	50000	1	20	4	500
哈尔滨	6	1200	0	0	0	0	0	0
南　京	0	0	0	0	0	0	0	0
杭　州	0	0	0	0	0	0	0	0
合　肥	1	3000	0	0	0	0	0	0
福　州	4	6000	1	450	0	0	2	200
南　昌	2	130	1	60	1	30	2	60
济　南	0	0	0	0	0	0	0	0
郑　州	0	0	0	0	0	0	0	0
武　汉	0	0	0	0	0	0	0	0
长　沙	1	120	1	20	0	0	25	2000
广　州	0	0	0	0	0	0	0	0
南　宁	0	0	0	0	0	0	0	0
海　口	0	0	0	0	0	0	0	0
成　都	0	0	0	0	0	0	0	0
贵　阳	0	0	0	0	0	0	50	1000
昆　明	2	184	1	38	2	377	58	3480
拉　萨	0	0	0	0	0	0	0	0
西　安	0	0	0	0	0	0	0	0
兰　州	0	0	0	0	0	0	0	0
西　宁	1	30	6	18	29	115	25	1600
银　川	1	1500	1	46	0	0	0	0
乌鲁木齐	4	400	0	0	15	200	5	500

组织科技下乡活动		放映科普影视节目		开放科普教育基地		发放宣传资料		制作展出科普展板	
次数（次）	开展科普活动（项）	数量（部）	观看人数（人次）	个数（个）	参观人数（人次）	种类（种）	发放份数（千份）	数量（块）	展板展出总长度（米）
170	**274**	**77**	**398960**	**195**	**887575**	**301**	**5155**	**3948**	**14870**
41	49	13	15600	31	150000	32	744	354	365
25	28	0	0	0	0	9	230	96	115
3	8	0	0	27	120000	19	149	28	20
0	0	0	0	0	0	2	350	0	0
13	13	13	15600	4	30000	2	15	230	230
0	0	0	0	0	0	0	0	0	0
129	225	64	383360	164	737575	269	4411	3594	14505
1	29	0	0	0	0	4	2	120	84
0	0	0	0	0	0	10	100	600	600
0	0	0	0	0	0	3	85	100	300
2	10	0	0	14	100000	20	1000	400	4800
4	5	0	0	7	3000	3	100	50	50
0	0	0	0	0	0	12	163	90	120
0	0	0	0	0	0	18	350	650	680
2	2	0	0	0	0	3	118	0	0
1	1	0	0	1	12000	10	150	10	1000
5	15	0	0	26	350000	30	250	180	1800
2	5	8	13000	5	18000	6	10	150	90
0	0	0	0	0	0	0	0	0	0
0	0	0	0	0	0	0	0	0	0
0	0	0	0	0	0	0	0	0	0
1	5	0	0	25	45275	15	72	28	36
0	0	0	0	0	0	2	480	0	0
0	0	0	0	11	3000	10	10	0	0
2	2	0	0	0	0	0	0	0	0
19	19	0	0	0	0	10	60	110	110
1	10	0	0	3	2400	5	7	30	27
22	45	31	63200	48	158400	14	1045	286	286
1	2	0	0	0	0	10	20	20	30
2	2	0	0	0	0	5	10	150	150
0	0	0	0	0	0	0	0	0	0
61	61	15	306160	14	15500	46	131	500	4122
1	2	0	0	0	0	3	8	20	20
2	10	10	1000	10	30000	30	240	100	200

5－13 各地区地级科协及所属

地区	参与科技周活动的直属单位		参与科技周活动的所属学会		邀请党政领导干部（人）	邀请科技专业人员（人）	筹集用于科技周活动的经费（千元）		
	个数（个）	参与工作人员（人）	个数（个）	参与工作人员（人）				#财政补助	#社会资助和捐赠
合计	**395**	**2249**	**4975**	**31752**	**7152**	**30198**	**10022**	**7428**	**1030**
北京	7	56	200	1307	448	593	842	698	74
天津	9	38	151	917	2238	1820	657	510	60
河北	12	37	102	337	18	169	54	54	0
山西	16	104	109	308	50	218	132	45	40
内蒙古	11	157	93	255	74	549	130	9	60
辽宁	31	320	324	1808	196	520	100	100	0
吉林	11	73	89	530	105	334	42	2	4
黑龙江	11	30	80	387	78	420	44	29	7
上海	17	119	233	216	757	989	2753	2359	191
江苏	35	202	453	1476	548	2127	907	555	320
浙江	11	39	205	1220	67	766	245	180	0
安徽	18	82	187	997	224	650	171	94	10
福建	13	43	168	482	114	1480	170	105	0
江西	12	30	94	383	83	332	150	83	42
山东	24	173	259	1402	207	999	483	447	26
河南	17	92	228	5829	140	859	200	58	26
湖北	21	172	178	1035	150	1929	347	239	38
湖南	18	96	258	3004	159	1247	261	71	51
广东	14	114	204	1341	127	2460	686	646	0
广西	7	17	140	984	27	412	68	53	10
海南	0	0	6	19	2	15	4	4	0
重庆	14	46	230	1159	207	1110	270	172	41
四川	19	58	292	1380	165	604	192	123	5
贵州	4	11	89	1278	109	923	273	271	0
云南	15	42	99	565	90	534	350	190	0
西藏	0	0	50	278	43	180	111	30	0
陕西	3	25	147	792	443	5959	170	170	0
甘肃	13	45	138	1057	87	474	100	56	5
青海	2	5	30	136	48	282	1	0	0
宁夏	2	3	36	155	32	286	15	15	0
新疆	8	20	103	715	116	958	94	60	20

学会参加全国科技周情况

举办科普讲座(报告)			举办科普展览		举办科普宣传		开展科普咨询	
次数(次)	#院士科普报告会	听讲人数(人次)	次数(次)	参观人数(人次)	次数(次)	组织工作人员(人次)	次数(项)	参加咨询的科技专业人员(人次)
2624	**86**	**695564**	**2162**	**4286849**	**3052**	**336651**	**4385**	**42147**
298	3	21445	201	276500	218	1231	314	2175
146	1	23400	66	121597	124	1428	71	660
6	1	1430	18	48000	22	130	107	221
20	2	21530	64	63674	56	518	32	139
47	0	64500	33	46300	42	386	40	99
34	1	1992	33	122400	57	1302	138	538
112	0	12520	31	50000	56	749	41	130
27	0	10820	27	77870	34	199	73	995
427	7	100927	356	390711	333	5544	191	1159
230	5	57920	109	172800	317	302574	433	12710
115	4	21659	37	79730	35	2173	62	1420
23	1	10007	71	153050	82	1192	98	2046
119	0	43932	23	50500	87	973	126	539
52	0	11634	22	55800	32	365	95	463
71	2	35244	72	654300	106	1335	572	1549
17	1	5500	94	231100	45	383	121	645
25	1	11382	27	91450	68	586	130	1476
49	5	10680	66	133440	84	1756	124	1114
153	0	70980	50	270700	150	2436	200	1244
8	0	5479	6	21987	16	549	27	355
2	0	1560	1	500	2	17	3	17
380	41	57520	243	209600	508	3942	281	8774
75	1	17460	33	86460	66	1056	121	829
11	1	1830	21	32000	37	781	56	310
18	1	2293	68	278200	131	2459	452	1150
2	0	280	17	8900	10	210	25	185
88	4	27575	267	385530	173	1173	277	581
19	4	29870	49	75800	62	408	58	190
8	0	825	15	17300	20	230	18	61
0	0	0	0	0	20	207	4	95
42	0	13370	42	80650	59	359	95	278

5—13 续表

地　区	举办科技竞赛		举办科技研讨		举办科普演出		举办实用技术培训	
	项数（项）	参加人数（人次）	次数（次）	参加人数（人次）	次数（场）	组织工作人员（人次）	次数（次）	参加人数（人次）
合　计	**525**	**1342340**	**609**	**39999**	**290**	**6439**	**2626**	**306097**
北　京	35	45776	20	918	16	214	222	18850
天　津	73	88673	235	4732	0	0	208	12098
河　北	8	31500	3	139	2	125	1	120
山　西	4	9200	3	87	11	111	37	23322
内蒙古	8	25065	3	170	3	56	32	4770
辽　宁	7	32900	16	2308	3	40	100	4980
吉　林	4	5700	0	0	3	260	27	1250
黑龙江	7	17380	15	1720	20	297	190	4430
上　海	129	157944	35	3135	47	682	638	14874
江　苏	53	376500	38	5725	22	448	113	6000
浙　江	19	43850	4	618	20	790	89	23980
安　徽	3	2600	5	210	4	50	25	3382
福　建	12	15017	4	330	4	18	40	2200
江　西	10	27840	3	194	1	100	18	2201
山　东	13	210471	48	1850	18	288	85	20083
河　南	4	3473	3	325	8	90	70	2710
湖　北	7	19179	28	9756	5	89	49	17926
湖　南	7	11442	9	796	4	320	30	6146
广　东	21	25930	29	1288	3	155	47	5376
广　西	7	7648	1	50	0	0	30	4307
海　南	0	0	2	100	0	0	3	250
重　庆	29	34386	21	1418	41	1294	157	12510
四　川	8	16555	5	355	10	330	28	11648
贵　州	13	23266	17	266	3	48	52	5040
云　南	6	40404	10	1200	4	316	27	21550
西　藏	0	0	3	600	0	0	6	260
陕　西	4	4586	39	1202	10	60	174	58980
甘　肃	3	57356	0	0	6	58	15	3380
青　海	3	1540	1	45	4	20	11	1014
宁　夏	0	0	0	0	0	0	0	0
新　疆	28	6159	9	462	18	180	102	12460

组织科技下乡活动		放映科普影视节目		开放科普教育基地		发放宣传资料		制作展出科普展板	
次数（次）	开展科普活动（项）	数量（部）	观看人数（人次）	个数（个）	参观人数（人次）	种类（种）	发放份数（千份）	数量（块）	展板展出总长度（米）
1079	**5604**	**1652**	**3655403**	**754**	**2243146**	**9517**	**31413**	**34827**	**95459**
59	208	175	181750	85	47900	429	618	2513	9035
20	53	24	197862	17	8620	268	1113	2417	6152
9	12	6	1700	8	7430	43	73	82	171
24	34	46	23799	10	10760	100	580	539	861
22	31	41	28000	4	22800	99	1217	530	516
49	122	126	21300	12	26420	159	415	1150	2584
20	23	19	3400	50	30000	61	612	594	9762
21	36	160	15000	6	13100	191	400	363	1668
32	131	166	88188	117	913556	294	1317	3560	13775
68	2455	232	243000	58	58250	728	2278	2098	3268
21	314	114	13380	31	83010	251	793	1625	6268
26	159	25	1024600	14	8190	189	5548	1511	5501
11	31	8	8300	30	11250	107	521	705	1842
26	82	15	6200	9	3560	73	160	300	1054
88	213	116	1005700	43	478460	318	1579	3155	7893
15	93	2	2100	19	19700	239	470	907	1362
33	293	23	38800	18	37460	154	584	1587	1762
46	208	26	106125	35	40100	389	567	1613	1121
79	186	22	14460	66	198560	247	675	867	1003
14	25	17	11120	5	14060	138	397	337	487
1	2	0	0	1	250	3600	0	0	0
153	218	93	228800	25	65358	267	4619	417	862
39	212	21	39970	18	79426	225	809	362	922
37	176	2	105000	5	12000	188	2370	1229	2709
40	57	20	158100	1	600	216	440	1221	1707
8	18	2	80	1	90	119	43	1031	2896
41	76	62	51490	50	24800	132	2305	1642	6587
43	76	33	28100	10	23086	103	362	753	1361
16	25	30	7060	0	0	55	113	736	555
4	6	0	0	1	3500	50	120	75	85
14	29	26	2019	5	850	85	315	908	1690

5—14 各地区县级科协及所属学会

地区	参与科技周活动的直属单位		参与科技周活动的所属学会		邀请党政领导干部（人）	邀请科技专业人员（人）	筹集用于科技周活动的经费（千元）		
	个数（个）	参与工作人员（人）	个数（个）	参与工作人员（人）				#财政补助	#社会资助和捐赠
合计	**483**	**1925**	**19611**	**121309**	**28087**	**95951**	**135036**	**68776**	**33574**
北京	0	0	25	250	100	230	40	40	0
天津	1	2	18	55	70	235	22	22	0
河北	22	140	829	6305	699	2187	296	208	47
山西	7	28	449	2333	595	1624	4483	306	127
内蒙古	10	56	630	3249	688	2068	533	401	53
辽宁	7	18	917	5326	929	2811	70370	30297	30012
吉林	18	116	192	1091	220	505	130	92	3
黑龙江	10	61	526	3540	574	1996	1471	1274	130
上海	1	1	27	92	20	400	80	80	0
江苏	38	134	1290	4861	2403	9794	16942	15767	240
浙江	28	70	1252	8419	2062	16394	2336	1324	124
安徽	13	45	746	4156	1266	4041	3595	3404	39
福建	33	106	799	3672	1281	7475	1147	891	75
江西	12	28	737	3163	648	2624	547	270	126
山东	38	128	1180	8918	2830	5120	1510	672	316
河南	33	163	1350	6368	1753	3719	588	441	78
湖北	67	257	1204	7702	2231	4467	1404	812	130
湖南	41	99	1089	7290	1242	4046	5469	1753	403
广东	14	111	868	6167	1710	4258	4114	3512	278
广西	13	100	521	3619	500	2329	407	288	23
海南	1	2	46	248	47	139	15032	4232	800
重庆	7	18	310	2279	361	1540	345	181	69
四川	18	55	1525	10692	1666	5914	1293	629	161
贵州	8	13	553	4111	583	2258	377	176	113
云南	19	100	702	5133	1020	2722	1573	1060	114
西藏	0	0	0	0	0	0	0	0	0
陕西	7	18	618	5732	1208	3229	250	236	8
甘肃	8	16	787	3918	559	1494	404	225	85
青海	5	26	120	1079	467	761	90	38	2
宁夏	1	2	173	762	129	895	75	58	3
新疆	3	12	128	779	226	676	113	87	15

参加全国科技周情况

举办科普讲座(报告)			举办科普展览		举办科普宣传		开展科普咨询	
次数（次）	＃院士科普报告会	听讲人数（人次）	次数（次）	参观人数（人次）	次数（次）	组织工作人员（人次）	次数（项）	参加咨询的科技专业人员（人次）
12624	**272**	**3142658**	**10018**	**18281620**	**13630**	**347489**	**24334**	**171778**
3	0	3000	3	50000	2	200	2	100
34	0	5200	10	6500	12	84	9	18
282	4	117573	342	813604	405	4241	747	3429
521	1	62375	314	334810	417	3346	496	2027
242	6	122539	255	385150	380	8189	635	2180
681	23	138564	463	647581	858	54105	2884	6749
365	2	35161	65	135860	109	745	175	417
235	4	77857	167	273005	396	3240	772	3115
0	0	0	14	4200	80	850	0	0
3524	6	369981	1210	1658627	1340	25854	1382	9550
722	9	149093	355	819938	803	8739	1108	30452
242	1	113178	290	491326	363	4414	635	8048
550	6	151571	700	734883	997	9346	1163	5148
211	0	55236	293	428004	302	3934	527	2426
1381	142	258609	718	2393487	832	96159	3408	9809
457	8	205392	460	953082	710	7384	1498	6399
477	12	200775	324	1010359	579	6949	781	4810
426	12	190812	312	958925	506	6121	1285	5599
380	11	182603	431	1138529	688	13058	711	5327
364	3	71850	1043	575895	528	8770	630	7660
112	0	30147	32	47720	62	230	32	235
71	0	15600	116	210028	95	2047	263	1113
405	4	204657	341	668863	485	15932	1508	9309
183	4	84252	380	495498	492	9599	1204	5002
218	1	29914	562	1039271	1011	7146	791	4006
0	0	0	0	0	0	0	0	0
144	5	32955	206	412381	255	5959	580	34222
223	6	150717	317	1006446	340	4120	634	1925
60	0	54676	218	332612	263	33580	219	1009
2	0	200	3	4000	118	1608	74	752
109	2	28171	74	251036	202	1540	181	942

5—14 续表

地区	举办科技竞赛		举办科技研讨		举办科普演出		举办实用技术培训	
	项数（项）	参加人数（人次）	次数（次）	参加人数（人次）	次数（场）	组织工作人员（人次）	次数（次）	参加人数（人次）
合计	**2396**	**2840292**	**2038**	**154334**	**2160**	**47458**	**32122**	**3540206**
北京	1	70	2	230	0	0	5	500
天津	4	300	29	1200	8	100	50	1200
河北	70	49586	31	2962	82	760	478	89308
山西	37	110397	37	1666	59	643	365	130324
内蒙古	38	15224	26	4525	52	960	1619	248920
辽宁	82	22084	201	7080	300	2094	9482	334659
吉林	17	5660	28	915	12	143	1487	87187
黑龙江	53	13746	133	9289	71	1448	1062	125655
上海	1	2000	5	808	0	0	14	700
江苏	304	1150384	187	7636	103	2489	2232	205243
浙江	150	154678	117	3637	120	2866	1247	216505
安徽	46	28458	49	2732	56	941	340	74730
福建	232	160629	91	5089	74	1753	700	70508
江西	93	61142	31	1025	56	1693	282	35505
山东	194	90485	180	7915	180	6824	2588	273370
河南	67	91710	50	2790	139	1353	567	135006
湖北	130	214046	93	6379	88	1788	771	193540
湖南	198	99483	122	5984	65	1675	713	73748
广东	79	214222	329	58746	59	990	1035	218590
广西	42	82758	38	1095	113	2101	2110	150996
海南	9	175	0	0	0	0	153	23266
重庆	33	32045	19	942	22	519	827	35506
四川	116	100108	80	6264	116	8697	518	85460
贵州	73	27893	31	1250	124	3073	738	99861
云南	75	32548	22	2275	105	2647	848	88389
西藏	0	0	0	0	0	0	0	0
陕西	44	52244	61	9029	50	699	1005	270501
甘肃	63	18056	25	2262	48	486	468	156862
青海	108	1464	0	0	42	392	158	49064
宁夏	8	2390	2	40	4	123	3	440
新疆	29	6307	19	569	12	201	257	64663

组织科技下乡活动		放映科普影视节目		开放科普教育基地		发放宣传资料		制作展出科普展板	
次数（次）	开展科普活动（项）	数量（部）	观看人数（人次）	个数（个）	参观人数（人次）	种类（种）	发放份数（千份）	数量（块）	展板展出总长度（米）
9786	**30962**	**14014**	**13752144**	**2231**	**4484206**	**30069**	**384961**	**102906**	**273610**
2	13	7	1400	2	2000	7	100	200	200
6	9	3	200000	2	3500	126	250	0	0
337	643	179	405640	81	68800	856	1910	3030	5277
300	542	443	252782	59	63540	826	3144	1219	2536
485	725	457	529680	56	217203	808	7546	1723	4152
826	3332	1555	606990	108	216850	2612	8332	4308	19657
210	230	142	73300	34	17400	338	2908	794	1894
222	436	750	392053	54	87368	773	1551	2415	7315
10	15	0	0	4	24000	15	15	210	230
527	1493	826	1618102	303	486980	2110	8111	11670	44431
304	1265	476	586402	121	186822	3139	99050	12568	37205
210	415	219	271376	63	75356	936	44860	2719	6440
429	721	582	438404	175	242848	1104	1969	4337	15108
226	429	184	111665	32	28913	803	1216	1761	3196
1330	11425	2981	1509140	231	568310	1159	10344	6978	23668
507	1193	400	807456	99	224390	905	2186	7803	17254
312	874	665	682303	112	491921	1128	6601	7029	8197
422	1016	448	455873	113	192479	1218	5430	3371	12469
709	1065	534	682920	102	503465	1645	62365	2943	3980
392	594	505	438889	103	41204	972	4036	1146	3715
35	65	17	16910	5	4460	109	30471	61	53
118	248	242	204728	12	47414	509	4191	2741	8173
393	1023	514	1099569	116	263070	2086	4500	4018	9033
336	872	351	626177	34	52627	1606	9586	1972	3248
314	867	736	746692	42	87523	1522	3271	4867	9990
0	0	0	0	0	0	0	0	0	0
319	517	292	257091	56	103073	674	22068	3622	4237
226	550	236	451520	62	146800	869	1585	2309	5071
79	112	145	88390	4	5500	249	35445	2825	7294
133	151	11	18590	4	12510	553	1202	2648	6027
67	122	114	178102	42	17880	412	718	1619	3560

5—15　中国科协、省级科协、计划单列市科协、省会城市科协科技下乡活动汇总

指　　标	合　计		中国科协		省级科协		计划单列市科协		省会城市科协	
	2002 年	2003 年	2002 年	2003 年	2002 年	2003 年	2002 年	2003 年	2002 年	2003 年
活动概况										
组织科技下乡次数（次）	846	1097	2	3	444	588	85	136	315	370
参与工作人员（人次）	8081	30588	20	628	4799	7576	412	685	2850	21699
邀请科技专业人员（人次）	7124	6096	200	1043	2199	2259	352	553	4373	2241
受益乡镇（个）	1475	1586	130	182	759	916	98	99	488	389
受益农户（户）	709305	687679	0	42710	589954	366807	2130	1214	117221	276948
活动内容										
举办科普讲座及报告（次）	1433	552	150	10	445	269	449	13	389	260
听讲人数（人次）	274841	334998	90000	6100	89751	103618	28590	2920	66500	222360
开展科普咨询（次）	1404	1048	110	0	532	456	302	15	460	577
组织工作人员（人次）	10796	11697	300	0	2808	8300	5160	105	2528	3292
举办实用技术培训（次）	2799	1628	170	216	375	457	1566	58	688	897
参加人数（人次）	378763	261400	4	30400	89669	92745	239990	2660	49100	135595
放映科普影视节目（部）	1148	712	28	133	646	386	305	34	169	159
观看人数（人次）	1760070	624218	40000	15800	1274290	274158	300000	8600	145780	325660
发放宣传资料及书籍（种）	3818	5585	2000	733	1131	3733	97	120	590	999
发放份数（千份）	92171	16768	650	430	66793	2961	409	266	24319	13111
制作展出科普展板（块）	11539	18694	500	1142	7190	11587	448	464	3401	5501
展板展出总长度（米）	16109	62068	600	1996	11061	14012	432	19654	4016	26406
举办科普展览（次）	711	756	10	26	285	442	256	22	160	266
参观人数（人次）	3887320	2902957	70000	337000	1957720	1744600	1154300	54500	705300	766857

5—16 地级科协、县级科协科技下乡活动汇总

指标		合计		地级科协		县级科协	
		2002年	2003年	2002年	2003年	2002年	2003年
活动概况							
组织科技下乡次数	（次）	48066	40062	8513	5058	39553	35004
参与工作人员	（人次）	309402	299219	54491	32919	254911	266300
邀请科技专业人员	（人次）	207563	229720	35000	42433	172563	187287
受益乡镇	（个）	32424	38022	9390	6282	23034	31740
受益农户	（户）	13100511	16176821	1133904	1894301	11966607	14282520
活动内容							
举办科普讲座及报告	（次）	32195	37919	4704	6077	27491	31842
听讲人数	（人次）	9082849	10920767	1110519	1406032	7972330	9514735
开展科普咨询	（次）	110122	84183	8586	10191	101536	73992
组织工作人员	（人次）	708202	436256	81189	52943	627013	383313
举办实用技术培训	（次）	43538	102657	5281	16378	38257	86279
参加人数	（人次）	16569993	15400446	1909504	1721839	14660489	13678607
放映科普影视节目	（部）	34160	31946	6600	5554	27560	26392
观看人数	（人次）	22617672	36203904	2534775	3184123	20082897	33019781
发放宣传资料及书籍	（种）	72799	55590	12169	8270	60630	47320
发放份数	（千份）	259498	199281	57262	24456	202236	174825
制作展出科普展板	（块）	123554	154359	25276	33633	98278	120726
展板展出总长度	（米）	288497	432892	77926	85992	210571	346900
举办科普展览	（次）	16086	18189	2701	2144	13385	16045
参观人数	（人次）	27426795	30775804	5720007	6366861	21706788	24408943

5—17 全国性学会、省级学会科技下乡活动汇总

指标		合计		全国性学会		省级学会	
		2002年	2003年	2002年	2003年	2002年	2003年
活动概况							
组织科技下乡次数	（次）	4470	6057	172	471	4298	5586
参与工作人员	（人次）	57865	31947	959	1132	56906	30815
邀请科技专业人员	（人次）	21639	21316	540	3826	21099	17490
受益乡镇	（个）	12103	12597	702	1063	11401	11534
受益农户	（户）	1916371	1601245	133555	202516	1782816	1398729
活动内容							
举办科普讲座及报告	（次）	3900	6569	372	328	3528	6241
听讲人数	（人次）	944390	1359994	74605	79038	869785	1280956
开展科普咨询	（次）	8476	3952	269	270	8207	3682
组织工作人员	（人次）	36964	17586	2384	671	34580	16915
举办实用技术培训	（次）	1622	6646	307	257	1315	6389
参加人数	（人次）	559966	834635	47168	33610	512798	801025
放映科普影视节目	（部）	274	372	89	6	185	366
观看人数	（人次）	2357162	140409	1604400	1830	752762	138579
发放宣传资料及书籍	（种）	23419	5548	814	517	22605	5031
发放份数	（千份）	991633	258120	25045	20502	966588	237618
制作展出科普展板	（块）	5888	10080	341	3293	5547	6787
展板展出总长度	（米）	25232	16706	11214	3375	14018	13331
举办科普展览	（次）	603	583	54	11	549	572
参观人数	（人次）	1175169	778587	88805	25500	1086364	753087

5—18 各省级科协

省份	组织科技下乡次数(次)	参与工作人员(人次)	邀请科技专业人员(人次)	受益乡镇(个)	受益农户(户)	举办科普讲座(报告)		开展科普咨询	
						次数(次)	听讲人数(人次)	次数(次)	组织工作人员(人次)
合计	**588**	**7576**	**2259**	**916**	**366807**	**269**	**103618**	**456**	**8300**
北京	8	20	92	12	560	0	0	1	3
天津	1	15	20	2	1500	2	200	1	30
河北	22	266	8	38	1800	0	0	0	0
山西	70	400	30	38	0	14	2000	6	100
内蒙古	12	300	180	60	3000	20	20000	60	130
辽宁	27	260	100	15	2000	8	500	50	2000
吉林	54	134	48	16	18600	11	1590	16	144
黑龙江	3	70	40	20	3000	2	800	1	15
上海	1	5	20	11	1000	1	350	20	70
江苏	2	16	20	12	1200	12	1000	2	16
浙江	1	3000	150	12	2600	0	0	0	0
安徽	5	81	23	5	14000	4	800	4	100
福建	1	3	2	10	8000	2	900	0	0
江西	4	100	80	10	2000	6	300	3	90
山东	10	190	200	38	1992	12	12000	2	13
河南	47	592	445	119	44600	24	7080	19	180
湖北	3	15	22	21	11000	2	1000	5	12
湖南	4	102	36	10	10000	10	1200	4	202
广东	6	340	170	80	30300	8	8000	11	350
广西	91	180	37	40	100	6	3100	60	180
海南	0	0	0	0	0	0	0	0	0
重庆	13	183	72	21	159	14	7200	10	25
四川	4	36	34	15	10000	17	12000	0	0
贵州	10	55	21	16	735	6	1500	31	50
云南	23	184	27	19	7779	19	5398	8	1560
西藏	3	90	60	9	3000	7	1600	40	2600
陕西	9	47	132	79	1450	20	3200	32	32
甘肃	2	40	4	10	9000	4	5000	1	30
青海	15	240	6	28	5192	0	0	28	120
宁夏	82	350	150	69	17000	2	400	32	158
新疆	55	262	30	81	155240	36	6500	9	90

科技下乡活动

举办实用技术培训		放映科普影视节目		发放宣传资料(含书籍)		制作展出科普展板		举办科普展览	
次数(次)	参加人数(人次)	数量(部)	观看人数(人次)	种类(种)	发放份数(千份)	数量(块)	展板展出总长度(米)	次数(次)	参观人数(人次)
457	**92745**	**386**	**274158**	**3733**	**2961**	**11587**	**14012**	**442**	**1744600**
0	0	0	0	22	35	4117	4239	0	0
1	200	0	0	16	16	0	0	0	0
0	0	2	2000	5	7	70	70	38	130000
15	1600	22	10000	2500	250	40	50	70	7000
16	2000	4	20000	12	100	4	60	8	30000
8	500	30	1000	30	50	1650	1800	7	80000
0	0	0	0	39	340	330	300	6	14800
52	40200	70	50000	60	200	200	230	32	210000
2	150	2	350	95	6	76	69	1	2000
0	0	0	0	30	10	0	0	0	0
0	0	0	0	0	0	0	0	21	63000
0	0	0	0	29	48	126	126	24	20000
1	186	0	0	1	32	132	1320	2	90000
0	0	0	0	10	20	60	60	0	0
7	2349	102	125018	50	50	300	300	29	560000
4	280	18	12000	20	30	80	80	8	85000
10	1000	0	0	10	50	20	18	2	10000
126	6200	2	2000	100	20	150	150	8	12000
75	6000	5	30000	25	202	33	300	3	5000
67	6820	20	5200	380	207	108	108	10	72000
0	0	0	0	0	0	0	0	0	0
11	1080	3	1300	31	490	350	520	15	45000
0	0	0	0	39	47	180	110	9	25000
2	380	0	0	42	145	122	866	8	40000
0	0	18	3990	54	53	550	626	35	136000
5	600	10	4000	10	150	6	0	3	3000
18	1000	47	2800	69	3	215	150	32	1800
2	1200	5	2000	4	30	238	170	5	5000
6	15000	0	0	5	20	400	360	0	0
24	3000	0	0	30	200	1700	1600	15	35000
5	3000	26	2500	15	150	330	330	51	63000

5—19 各计划单列市科协、省会城市

城市	组织科技下乡次数（次）	参与工作人员（人次）	邀请科技专业人员（人次）	受益乡镇（个）	受益农户（户）	举办科普讲座（报告）		开展科普咨询	
						次数（次）	听讲人数（人次）	次数（次）	组织工作人员（人次）
合　　计	**506**	**22384**	**2794**	**488**	**278162**	**273**	**225280**	**592**	**3397**
计划单列市小计	136	685	553	99	1214	13	2920	15	105
宁　波	27	135	8	0	0	0	0	0	0
厦　门	6	90	30	6	284	4	320	7	53
深　圳	0	0	0	0	0	0	0	0	0
青　岛	73	340	365	73	730	4	2200	3	37
大　连	30	120	150	20	200	5	400	5	15
省会城市小计	370	21699	2241	389	276948	260	222360	577	3292
石家庄	1	10	2	5	1000	0	0	1	15
太　原	83	20000	65	35	20000	20	15000	78	200
呼和浩特	9	45	9	9	900	0	0	0	0
沈　阳	12	15	30	14	2000	8	300	12	15
长　春	4	10	28	7	150	3	150	3	10
哈尔滨	24	110	460	36	156000	81	175000	68	965
南　京	3	24	34	3	1000	2	210	3	15
杭　州	4	10	90	3	2600	7	350	3	10
合　肥	1	6	20	1	100	0	0	0	0
福　州	17	65	70	17	4500	23	3100	7	40
南　昌	8	130	80	8	1300	3	120	8	50
济　南	15	60	112	15	20000	10	4000	5	72
郑　州	11	106	165	11	3000	6	7000	38	61
武　汉	3	45	12	8	1000	2	500	50	500
长　沙	3	42	78	7	2800	15	2100	3	102
广　州	1	3	6	0	403	0	0	0	0
南　宁	10	50	100	10	3000	0	0	10	50
海　口	1	15	24	2	144	0	0	0	0
成　都	10	15	322	13	6500	5	1450	14	339
贵　阳	12	180	120	12	5000	3	600	6	168
昆　明	35	235	149	73	913	4	650	18	237
拉　萨	12	100	24	12	1800	25	4500	18	100
西　安	2	47	65	10	10000	0	0	5	10
兰　州	12	100	40	6	300	8	850	4	84
西　宁	48	195	90	52	32112	14	5330	196	196
银　川	17	41	34	12	146	11	450	17	41
乌鲁木齐	12	40	12	8	280	10	700	10	12

科协科技下乡活动

举办实用技术培训		放映科普影视节目		发放宣传资料(含书籍)		制作展出科普展板		举办科普展览	
次数（次）	参加人数（人次）	数量（部）	观看人数（人次）	种类（种）	发放份数（千份）	数量（块）	展板展出总长度（米）	次数（次）	参观人数（人次）
955	**138255**	**193**	**334260**	**1119**	**13377**	**5965**	**46060**	**288**	**821357**
58	2660	34	8600	120	266	464	19654	22	54500
0	0	30	2400	4	12	96	19200	0	0
35	560	1	600	24	12	38	144	3	4500
0	0	0	0	0	0	0	0	0	0
13	1300	3	5600	78	130	230	230	9	45000
10	800	0	0	14	112	100	80	10	5000
897	135595	159	325660	999	13111	5501	26406	266	766857
0	0	0	0	11	58	270	189	2	30000
40	2000	5	2000	20	8000	20	20	10	3987
9	1000	0	0	2	10	100	300	0	0
8	800	5	5000	13	300	1600	16000	20	100000
3	180	0	0	45	10	50	50	1	1500
380	29000	38	190000	95	150	190	220	170	290000
0	0	0	0	40	12	80	80	0	0
3	150	0	0	30	8	70	63	0	0
0	0	0	0	10	1500	100	1000	1	5000
10	4000	0	0	40	250	480	480	2	20000
2	60	2	300	8	25	50	30	2	800
7	1040	0	0	6	1400	540	500	0	0
0	0	0	0	0	0	0	0	0	0
0	0	0	0	0	0	90	90	5	100000
8	320	12	15000	14	72	48	500	3	12000
0	0	0	0	19	2	0	0	0	0
2	300	2	200	30	20	0	0	10	1500
0	0	0	0	0	0	0	0	1	2000
3	280	20	2000	50	500	300	180	13	15600
228	16000	0	0	50	40	63	50	6	60000
17	644	31	98700	362	114	364	364	2	720
24	4500	0	0	20	200	0	0	0	0
20	50000	0	0	50	50	10	100	5	100000
5	678	0	0	9	250	93	0	4	4600
104	22449	36	12060	48	48	803	5870	9	19150
2	170	0	0	3	42	40	40	0	0
22	2024	8	400	24	50	140	280	0	0

5—20 各地区地级科协

地区	组织科技下乡次数（次）	参与工作人员（人次）	邀请科技专业人员（人次）	受益乡镇（个）	受益农户（户）	举办科普讲座（报告）		开展科普咨询	
						次数（次）	听讲人数（人次）	次数（次）	组织工作人员（人次）
合计	**5058**	**32919**	**42433**	**6282**	**1894301**	**6077**	**1406032**	**10191**	**52943**
北京	187	1152	1310	121	51432	420	67619	305	2177
天津	387	958	6620	57	47677	84	7420	165	4498
河北	36	202	536	107	20410	7	2010	41	286
山西	345	1015	614	276	67399	81	55360	184	1442
内蒙古	86	669	774	289	47572	212	33625	95	1385
辽宁	147	1178	1140	275	29440	154	32940	5094	6113
吉林	188	593	602	156	36500	155	13730	241	1110
黑龙江	803	3093	3426	270	250322	2952	393361	401	5326
上海	82	792	1045	50	19054	319	60752	118	765
江苏	83	523	1158	104	39920	50	11592	285	995
浙江	39	890	719	45	25890	38	15253	62	920
安徽	101	1265	1363	126	33850	56	14760	182	2540
福建	144	535	522	97	23074	101	7034	115	734
江西	63	395	709	50	8178	46	10855	72	697
山东	127	1139	1007	209	345563	245	36798	413	1358
河南	714	3489	3949	293	86810	155	132861	441	3284
湖北	60	386	854	1387	19460	32	9180	97	683
湖南	61	509	727	171	36264	53	90117	129	679
广东	172	1855	1401	163	20360	110	25300	99	932
广西	84	2046	1668	83	49850	50	16393	218	2040
海南	15	8	6	5	1210	4	3000	5	6500
重庆	138	550	2234	142	173461	210	24610	590	1936
四川	128	859	2190	281	164280	95	35035	143	1213
贵州	54	880	732	73	28748	13	1680	39	920
云南	70	341	543	74	18841	11	4780	139	668
西藏	11	187	71	143	16215	3	1600	15	109
陕西	427	5068	4162	606	103782	185	222276	200	2095
甘肃	165	1200	559	359	66700	160	27397	165	779
青海	57	513	141	77	5770	21	2302	49	364
宁夏	10	179	100	37	13350	6	2450	6	59
新疆	74	450	1551	156	42919	49	43942	83	336

科技下乡活动

举办实用技术培训		放映科普影视节目		发放宣传资料(含书籍)		制作展出科普展板		举办科普展览	
次数（次）	参加人数（人次）	数量（部）	观看人数（人次）	种类（种）	发放份数（千份）	数量（块）	展板展出总长度（米）	次数（次）	参观人数（人次）
16378	**1721839**	**5554**	**3184123**	**8270**	**24456**	**33633**	**85992**	**2144**	**6366861**
262	22140	229	135330	480	802	1552	10864	99	276000
203	20204	28	46320	475	6417	459	1194	39	27500
12	680	23	3500	99	139	293	336	35	63600
129	36757	197	87080	154	1093	529	4266	44	109760
370	293336	28	7000	145	428	396	627	69	71000
235	22620	327	102650	334	373	1242	4888	58	187100
327	22550	80	13000	133	168	274	1290	29	125300
11727	724212	2559	829030	643	967	2478	5977	282	162620
242	21877	29	40930	155	3887	932	3744	49	59432
195	17910	126	31130	481	861	866	2574	44	88650
262	23700	150	65430	1197	543	1940	7736	32	121276
105	32466	76	132650	236	282	678	891	67	163300
134	4894	16	4804	71	159	410	780	35	38500
29	4973	60	21900	83	177	646	1196	41	73200
107	14082	176	293250	339	708	2218	7210	77	1989460
154	38750	42	23130	353	1262	3065	8187	225	465450
48	6530	57	63700	226	549	1100	2351	34	131770
56	9384	330	157830	361	251	2505	715	42	144500
88	10233	267	151600	215	530	2850	3036	107	350260
222	31923	113	59880	181	476	771	982	40	107260
74	9560	0	0	6	4	0	0	5	1500
324	27024	134	47380	399	1150	241	948	102	213200
87	13815	57	126836	510	735	341	1157	102	263536
79	14814	3	106000	121	545	1167	2507	28	97600
257	42050	22	103060	164	303	877	1215	19	93100
9	1560	36	8360	102	65	219	480	9	2130
269	77056	187	379220	216	337	3202	7844	216	512150
81	34916	60	73700	156	640	886	872	99	243700
24	1472	69	19960	54	168	895	533	37	61550
5	400	1	500	44	82	114	128	15	51000
262	139951	72	48963	137	355	487	1464	64	71457

5—21 各地区县级科协

地区	组织科技下乡次数(次)	参与工作人员(人次)	邀请科技专业人员(人次)	受益乡镇(个)	受益农户(户)	举办科普讲座(报告)		开展科普咨询	
						次数(次)	听讲人数(人次)	次数(次)	组织工作人员(人次)
合计	**35004**	**266300**	**187287**	**31740**	**14282520**	**31842**	**9514735**	**73992**	**383313**
北京	56	200	201	23	30100	3	150	18	208
天津	255	622	676	42	11622	149	23412	84	256
河北	2589	12594	9655	2592	408471	1229	493875	4801	26461
山西	1641	9505	3951	894	230142	1293	288965	1275	33706
内蒙古	1576	12846	7601	1036	630728	2801	548314	2062	12424
辽宁	2040	21199	11742	913	418274	2781	515150	26913	39426
吉林	1451	4909	2948	657	505871	1716	571323	1927	7914
黑龙江	2166	14330	9370	888	672974	3616	772327	6139	17330
上海	25	500	800	14	4200	14	1600	0	0
江苏	780	6664	6540	824	318232	819	373736	927	7986
浙江	890	7470	10522	811	492006	756	148060	638	20586
安徽	668	5413	5248	887	603454	662	450272	1169	8340
福建	1130	3860	9673	703	168015	1007	159290	1346	10512
江西	599	3597	4085	780	180245	377	112176	727	10390
山东	2699	25741	13283	1444	1887047	2474	956283	2990	35933
河南	3154	14732	9929	1594	987839	1559	1226627	4487	37515
湖北	726	5910	4862	6283	609722	1108	320022	1209	6186
湖南	1107	5877	6134	1529	558855	769	204264	1272	6337
广东	1869	14325	8560	951	512538	842	203700	1178	8280
广西	1783	16653	11253	907	657961	1302	263150	1522	24064
海南	541	2004	1145	96	38180	107	19238	141	857
重庆	253	3050	3002	391	305504	240	70302	522	6738
四川	1246	13989	14673	2457	1143020	939	423394	3086	17296
贵州	928	8902	5881	744	509850	772	98154	1064	8585
云南	1072	4381	5843	995	781156	298	119759	1448	8896
西藏	0	0	0	0	0	0	0	0	0
陕西	1431	34153	9015	977	411603	947	225509	2492	11902
甘肃	1282	6147	4167	1297	766683	2087	669437	1566	8516
青海	267	1536	1093	225	76641	133	59275	196	1108
宁夏	305	3010	2408	464	125593	432	61923	2353	3033
新疆	475	2181	3027	322	235994	610	135048	440	2528

科技下乡活动

举办实用技术培训		放映科普影视节目		发放宣传资料(含书籍)		制作展出科普展板		举办科普展览	
次数（次）	参加人数（人次）	数量（部）	观看人数（人次）	种类（种）	发放份数（千份）	数量（块）	展板展出总长度（米）	次数（次）	参观人数（人次）
86279	**13678607**	**26392**	**33019781**	**47320**	**174825**	**120726**	**346900**	**16045**	**24408943**
440	23000	50	10000	30	164	412	660	10	25100
169	13320	32	62300	105	56	115	645	12	6540
2418	454043	610	637325	1892	3559	6628	10121	937	1530580
2473	500871	955	585261	1587	3916	2465	5217	667	566032
9007	1414492	970	1042750	1206	5492	2127	15357	406	488498
15422	1973909	3171	1303842	5730	9068	6206	15547	515	889308
2614	673834	670	444260	995	3480	959	2649	291	368985
10447	1219587	1786	1034309	2204	2713	4019	8620	708	793765
30	2500	0	0	25	28	0	0	0	0
3191	302296	702	558364	2687	6170	6945	24640	577	808230
2632	261427	810	1163410	2554	6120	11170	21238	602	1006270
855	248975	778	489980	1790	6271	3924	7554	501	979828
1900	149219	695	495463	1378	1948	4328	15624	763	589906
766	77953	489	218962	1145	1273	1892	5382	369	448941
4692	812150	3245	11760823	1671	11841	7730	36476	1963	3842702
2441	695148	1158	1608747	2070	4368	12642	23139	1168	1979046
2401	537162	890	894620	1428	3859	6813	46377	314	937586
2421	386866	656	1626208	1693	2388	3602	9554	412	899015
2221	336245	641	1989470	2040	17597	3099	7346	709	1184549
5663	580362	1894	738370	2638	11509	2314	15357	823	1327894
490	97233	57	19960	160	151	60	48	52	83376
205	29779	604	749570	721	2631	738	2500	175	226431
1787	348947	1088	995547	3279	17188	8631	17186	1383	1080335
2865	344549	395	677670	1940	40483	2748	4085	485	716374
2122	224373	1241	689934	1825	2302	2740	6711	494	982485
0	0	0	0	0	0	0	0	0	0
2671	535107	993	2075843	1664	3163	7039	18702	572	790359
1375	594014	803	824665	1440	3463	3779	7640	667	1182910
464	82656	241	46010	275	1107	3469	9733	136	270856
1151	117646	348	96783	542	1129	1991	3760	152	187662
946	640944	420	179335	606	1388	2141	5032	182	215380

5—22 各地区省级学会

地区	组织科技下乡次数（次）	参与工作人员（人次）	邀请科技专业人员（人次）	受益乡镇（个）	受益农户（户）	举办科普讲座(报告) 次数（次）	举办科普讲座(报告) 听讲人数（人次）	开展科普咨询 次数（次）	开展科普咨询 组织工作人员（人次）
合计	**5586**	**30815**	**17490**	**11534**	**1398729**	**6241**	**1280956**	**3682**	**16915**
北京	188	918	902	178	8761	109	33435	95	440
天津	75	219	119	94	6600	58	7850	65	244
河北	238	1084	687	435	43789	112	15740	366	694
山西	283	1463	693	1029	125644	756	57192	319	813
内蒙古	7	58	77	11	1014	12	5950	18	97
辽宁	101	391	314	33	9230	44	8205	97	162
吉林	101	518	73	88	20313	42	4828	87	257
黑龙江	61	560	265	118	3238	75	9213	40	474
上海	130	173	272	213	14100	52	3161	98	170
江苏	79	462	324	926	14535	94	83751	97	462
浙江	119	430	474	321	18680	130	25734	102	1515
安徽	127	642	484	417	25403	101	12179	142	694
福建	590	2976	500	540	19245	213	19418	301	827
江西	242	1360	1070	394	33945	75	11692	144	1154
山东	150	265	389	92	76978	93	22318	88	406
河南	120	328	251	198	36867	166	77410	125	271
湖北	209	856	785	149	31040	127	8926	148	596
湖南	481	1171	3745	1177	19901	187	39505	176	797
广东	392	1262	791	1367	332325	349	143696	122	707
广西	238	1463	997	516	75825	112	19416	78	517
海南	23	311	132	20	2620	40	26271	8	135
重庆	431	2322	640	864	183949	396	63121	281	1822
四川	20	47	21	47	5450	13	4000	10	32
贵州	373	6707	396	71	107415	2239	456622	110	1214
云南	259	754	354	226	28316	139	22789	171	569
西藏	77	1339	1100	820	21686	219	12282	67	182
陕西	187	1109	750	728	37019	124	36778	111	552
甘肃	43	433	320	51	6745	113	36500	39	529
青海	0	0	0	0	0	0	0	0	0
宁夏	100	817	337	259	40481	38	11224	141	512
新疆	142	377	228	152	47615	13	1750	36	71

科技下乡活动

举办实用技术培训		放映科普影视节目		发放宣传资料(含书籍)		制作展出科普展板		举办科普展览	
次数（次）	参加人数（人次）	数量（部）	观看人数（人次）	种类（种）	发放份数（千份）	数量（块）	展板展出总长度（米）	次数（次）	参观人数（人次）
6389	**801025**	**366**	**138579**	**5031**	**237618**	**6787**	**13331**	**572**	**753087**
74	3930	0	0	168	646	156	2284	12	16310
56	4120	14	5000	38	213	438	504	14	3600
79	13781	17	10180	80	129	388	439	16	15550
1508	63562	7	6450	134	1249	417	966	74	24500
32	4863	3	500	33	7600	64	108	3	1000
5	440	0	0	1	5	0	0	0	0
65	2275	6	1500	156	506	64	120	7	11500
15	745	6	600	1125	102	55	180	22	6560
38	2615	0	0	24	763	85	145	2	300
87	3288	7	70	66	8415	56	66	21	50020
65	3946	0	0	120	1461	1831	2310	12	43000
35	2464	11	1800	193	139	471	543	17	31550
222	14790	1	500	103	2056	135	177	5	11090
47	2928	3	170	214	205	144	187	10	23600
49	4808	1	300	103	204	145	405	13	6000
66	1636	29	18900	80	147	235	369	34	28000
94	35920	0	0	114	12194	130	174	17	37700
69	4097	29	328	235	778	198	386	19	9380
396	41729	15	2000	68	96	48	66	17	49152
80	6831	30	6790	192	5031	301	1222	32	83180
26	1145	3	750	40	2019	22	60	25	15400
172	10011	58	18130	319	12486	196	462	34	38985
11	2310	1	2500	17	348	62	63	8	10000
2243	458206	5	1200	866	144852	116	301	13	16370
103	17523	87	41490	68	110	111	190	8	38600
445	35602	2	120	133	463	3	13	6	10700
67	19989	5	1300	134	34338	648	1033	94	141110
54	8470	20	16000	72	74	92	122	9	2950
0	0	0	0	0	0	0	0	0	0
82	13781	1	1	108	808	167	403	21	24480
104	15220	5	2000	27	181	9	33	7	2500

六、民间国际科技交流

简要说明

一、本篇包括中国科协及所属全国性学会、省级科协及所属省级学会、地级科协、县级科协开展民间国际及对港、澳、台地区科技交流活动的情况。

二、本篇统计资料由三部分组成：（一）中国科协、省级科协、计划单列市科协、省会城市科协开展民间国际及对港、澳、台地区科技交流活动的情况。主要指标有：接待国外来访、接待港、澳地区来访、接待台湾省来访、派往国外、派往港、澳地区、派往台湾省的科技团组数和参加人数。在参加人数中，取消了研修生人数和参加夏冬令营人数指标，新增了访问考察和参加其他活动的人数指标。（二）地级科协（计划单列市科协、省会城市科协除外）、县级科协开展民间国际及对港、澳、台地区科技交流活动的情况。取消开展国际及对港、澳、台地区民间科技往来及参加人数两个指标，分解为接待国外及港、澳、台地区科技团组和参加人数、派往国外及港、澳、台地区科技团组和参加人数四个指标。（三）全国性学会、省级学会开展民间国际及对港、澳、台地区科技交流活动的情况。指标设置与第一部分完全相同。

主要指标解释

接待国外/港、澳地区/台湾省科技团组 指本单位单独或牵头接待的、来境内（不含港、澳、台地区）参加会议、展览或技贸活动、夏冬令营、合作研究、培训和访问考察的国外/港、澳地区/台湾省科技团组。

派往国外/港、澳地区/台湾省科技团组 指本单位单独或牵头派往国外/港、澳地区/台湾省参加会议、展览或技贸活动、夏冬令营、合作研究、培训和访问考察的团组。一个出国任务批件（一个项目）统计为一个团组。

派出总人数 指所有派出团组的派出人数（按出国任务批件批准的人数计算，包括外单位人员）与本单位参加外单位派出团组的出国人数之和。

开展民间国际及对港、澳、台地区科技往来 指本单位单独或牵头组织的同国外及港、澳、台地区的科技往来活动。

6—1 中国科协、省级科协、计划单列市科协、省会城市科协民间国际及对港、澳、台地区科技交流活动汇总

指　标	合计		中国科协		省级科协		计划单列市科协		省会城市科协	
	2002 年	2003 年	2002 年	2003 年	2002 年	2003 年	2002 年	2003 年	2002 年	2003 年
接待国外来访科技团组（个）	237	194	57	38	125	133	22	6	33	17
接待国外来访总人数（人次）	1608	1300	289	390	868	737	141	52	310	121
＃参加会议	666	551	153	300	308	217	3	7	202	27
参加展览、技贸活动	504	88	0	0	333	52	102	0	69	36
访问考察	—	604	—	90	—	439	—	45	—	30
参加其它活动	—	57	—	0	—	29	—	0	—	28
接待港、澳地区来访科技团组(个)	29	47	7	7	15	18	6	6	1	16
接待港、澳地区来访总人数(人次)	401	324	120	92	126	133	154	30	1	69
＃参加会议	167	54	6	0	78	21	82	5	1	28
参加展览、技贸活动	82	16	0	0	15	10	67	0	0	6
访问考察	—	229	—	92	—	77	—	25	—	35
参加其它活动	—	25	—	0	—	25	—	0	—	0
接待台湾省来访科技团组（个）	35	34	7	9	21	16	3	0	4	9
接待台湾省来访总人数（人次）	839	462	156	164	544	239	9	0	130	59
＃参加会议	616	155	139	53	367	92	0	0	110	10
参加展览、技贸活动	30	21	0	0	23	12	5	0	2	9
访问考察	—	279	—	111	—	129	—	0	—	39
参加其它活动	—	7	—	0	—	6	—	0	—	1
派往国外科技团组（个）	343	278	149	113	154	128	12	11	28	26
派往国外总人数（人次）	3409	1814	1818	635	1079	879	53	76	459	224
＃参加会议	477	290	373	120	100	70	1	16	3	84
参加展览、技贸活动	768	72	339	43	370	13	17	0	42	16
访问考察	—	1125	—	237	—	720	—	59	—	109
参加其它活动	—	327	—	235	—	76	—	1	—	15
派往港、澳地区科技团组（个）	41	61	15	15	25	34	0	8	1	4
派往港、澳地区总人数（人次）	952	872	650	461	298	363	0	36	4	12
＃参加会议	111	260	80	166	31	90	0	0	0	4
参加展览、技贸活动	472	25	449	0	19	18	0	0	4	7
访问考察	—	418	—	192	—	190	—	36	—	0
参加其它活动	—	169	—	103	—	65	—	0	—	1
派往台湾省科技团组（个）	45	38	10	10	29	22	2	0	4	6
派往台湾省总人数（人次）	468	406	132	149	285	211	12	0	39	46
＃参加会议	123	260	65	123	47	103	0	0	11	34
参加展览、技贸活动	138	0	17	0	113	0	0	0	8	0
访问考察	—	114	—	23	—	79	—	0	—	12
参加其它活动	—	32	—	3	—	29	—	0	—	0

6—2 各地区地级科协、县级科协民间国际及对港、澳、台地区科技交流活动

地区	地级科协接待国外及港、澳、台地区来访		地级科协派往国外及港、澳、台地区		县级科协接待国外及港、澳、台地区来访		县级科协派往国外及港、澳、台地区	
	团组个数（次）	参加人数（人次）	团组个数（次）	参加人数（人次）	团组个数（次）	参加人数（人次）	团组个数（次）	参加人数（人次）
合计	**125**	**6033**	**141**	**1150**	**171**	**11869**	**96**	**786**
北京	6	70	1	1	3	30	0	0
天津	1	6	0	0	0	0	0	0
河北	0	0	6	8	2	30	0	0
山西	10	76	0	0	6	568	1	3
内蒙古	0	0	8	65	7	162	9	46
辽宁	5	527	7	39	16	1415	6	71
吉林	13	630	4	41	1	18	3	4
黑龙江	2	100	1	1	8	774	1	10
上海	10	197	20	72	0	0	0	0
江苏	12	191	26	185	23	160	14	118
浙江	21	1663	7	13	9	138	9	43
安徽	0	0	2	33	0	0	1	12
福建	2	3	2	13	12	97	4	25
江西	0	0	1	1	1	2	0	0
山东	9	81	11	70	13	2916	5	51
河南	7	21	1	2	12	440	0	0
湖北	0	0	5	30	0	0	1	1
湖南	0	0	6	62	8	913	6	31
广东	7	190	10	320	21	973	18	198
广西	5	500	2	55	5	450	3	46
海南	0	0	0	0	0	0	0	0
重庆	0	0	0	0	7	1527	0	0
四川	1	8	5	22	2	5	4	5
贵州	0	0	2	3	1	300	3	3
云南	0	0	1	3	4	191	4	107
西藏	0	0	0	0	0	0	0	0
陕西	1	420	2	30	5	724	4	12
甘肃	0	0	0	0	5	36	0	0
青海	0	0	1	1	0	0	0	0
宁夏	0	0	0	0	0	0	0	0
新疆	13	1350	10	80	0	0	0	0

6—3 全国性学会、省级学会民间国际及对港、澳、台地区科技交流活动汇总

指　　标	合　　计		全国性学会		省级学会	
	2002 年	2003 年	2002 年	2003 年	2002 年	2003 年
接待国外来访科技团组（个）	1724	1695	602	522	1122	1173
接待国外来访总人数（人次）	13257	13089	5635	5517	7622	7572
＃参加会议	4511	5295	1951	2004	2560	3291
参加展览、技贸活动	3303	3463	2244	2608	1059	855
访问考察	—	3115	—	647	—	2468
参加其它活动	—	1216	—	258	—	958
接待港、澳地区来访科技团组（个）	225	286	61	76	164	210
接待港、澳地区来访总人数（人次）	2093	2338	511	857	1582	1481
＃参加会议	962	1022	181	274	781	748
参加展览、技贸活动	299	516	123	379	176	137
访问考察	—	602	—	194	—	408
参加其它活动	—	198	—	10	—	188
接待台湾省来访科技团组（个）	245	216	68	71	177	145
接待台湾省来访总人数（人次）	2564	1914	673	611	1891	1303
＃参加会议	1203	1072	239	310	964	762
参加展览、技贸活动	488	333	207	162	281	171
访问考察	—	384	—	118	—	266
参加其它活动	—	125	—	21	—	104
派往国外科技团组（个）	938	1026	361	376	577	650
派往国外总人数（人次）	6910	7290	3320	3468	3590	3822
＃参加会议	2530	2928	1571	1818	959	1110
参加展览、技贸活动	1946	854	912	423	1034	431
访问考察	—	3151	—	1152	—	1999
参加其它活动	—	357	—	75	—	282
派往港、澳地区科技团组（个）	164	203	29	42	135	161
派往港、澳地区总人数（人次）	2113	1660	505	219	1608	1441
＃参加会议	993	647	258	130	735	517
参加展览、技贸活动	248	217	32	3	216	214
访问考察	—	680	—	82	—	598
参加其它活动	—	116	—	4	—	112
派往台湾省科技团组（个）	151	132	44	26	107	106
派往台湾省总人数（人次）	1535	1273	623	378	912	895
＃参加会议	648	557	377	284	271	273
参加展览、技贸活动	183	54	57	33	126	21
访问考察	—	576	—	61	—	515
参加其它活动	—	86	—	0	—	86

6—4 各省级科协民间国际及对港、澳、台

省份	接待国外来访						接待	
	团组个数（个）	总人数（人次）	参加会议	参加展览、技贸活动	访问考察	参加其它活动	团组个数（个）	总人数（人次）
合计	**133**	**737**	**217**	**52**	**439**	**29**	**18**	**133**
北京	28	125	11	13	98	3	1	1
天津	8	58	0	0	58	0	1	7
河北	3	18	12	0	0	6	0	0
山西	0	0	0	0	0	0	0	0
内蒙古	3	9	9	0	0	0	0	0
辽宁	10	42	34	0	2	6	0	0
吉林	7	50	50	0	0	0	1	6
黑龙江	2	11	0	0	11	0	1	3
上海	25	130	17	0	113	0	1	21
江苏	8	65	53	0	11	1	1	5
浙江	16	158	14	29	115	0	0	0
安徽	0	0	0	0	0	0	0	0
福建	12	23	0	0	22	1	2	20
江西	0	0	0	0	0	0	2	3
山东	1	6	6	0	0	0	0	0
河南	0	0	0	0	0	0	0	0
湖北	0	0	0	0	0	0	1	22
湖南	0	0	0	0	0	0	1	3
广东	0	0	0	0	0	0	0	0
广西	0	0	0	0	0	0	0	0
海南	2	5	0	0	5	0	1	7
重庆	2	12	6	6	0	0	1	14
四川	1	1	1	0	0	0	1	16
贵州	0	0	0	0	0	0	1	1
云南	0	0	0	0	0	0	1	1
西藏	0	0	0	0	0	0	0	0
陕西	2	2	2	0	0	0	1	3
甘肃	0	0	0	0	0	0	0	0
青海	0	0	0	0	0	0	0	0
宁夏	1	4	0	0	4	0	0	0
新疆	2	18	2	4	0	12	0	0

地区科技交流活动

港、澳地区来访				接待台湾省来访					
参加会议	参加展览、技贸活动	访问考察	参加其它活动	团组个数（个）	总人数（人次）	参加会议	参加展览、技贸活动	访问考察	参加其它活动
21	**10**	**77**	**25**	**16**	**239**	**92**	**12**	**129**	**6**
0	0	1	0	1	16	0	0	16	0
0	0	7	0	0	0	0	0	0	0
0	0	0	0	0	0	0	0	0	0
0	0	0	0	0	0	0	0	0	0
0	0	0	0	0	0	0	0	0	0
0	0	0	0	0	0	0	0	0	0
0	0	6	0	0	0	0	0	0	0
0	0	3	0	0	0	0	0	0	0
0	0	0	21	1	37	0	0	37	0
5	0	0	0	1	2	0	0	2	0
0	0	0	0	1	12	12	0	0	0
0	0	0	0	0	0	0	0	0	0
0	0	20	0	2	92	78	4	6	4
0	0	0	3	1	2	0	0	0	2
0	0	0	0	0	0	0	0	0	0
0	0	0	0	0	0	0	0	0	0
0	0	22	0	0	0	0	0	0	0
0	0	3	0	0	0	0	0	0	0
0	0	0	0	0	0	0	0	0	0
0	0	0	0	0	0	0	0	0	0
0	7	0	0	2	4	0	0	4	0
0	0	14	0	1	10	0	5	5	0
16	0	0	0	1	2	2	0	0	0
0	0	0	1	2	7	0	0	7	0
0	0	1	0	2	52	0	0	52	0
0	0	0	0	0	0	0	0	0	0
0	3	0	0	1	3	0	3	0	0
0	0	0	0	0	0	0	0	0	0
0	0	0	0	0	0	0	0	0	0
0	0	0	0	0	0	0	0	0	0
0	0	0	0	0	0	0	0	0	0

6—4 续表

省份	派往国外						派往	
	团组个数（个）	总人数（人次）	参加会议	参加展览、技贸活动	访问考察	参加其它活动	团组个数（个）	总人数（人次）
合计	**128**	**879**	**70**	**13**	**720**	**76**	**34**	**363**
北京	17	90	0	0	90	0	4	27
天津	3	29	0	0	29	0	2	36
河北	3	3	0	0	0	3	3	39
山西	6	68	1	0	67	0	1	26
内蒙古	8	46	46	0	0	0	1	64
辽宁	4	35	0	0	35	0	0	0
吉林	0	0	0	0	0	0	1	18
黑龙江	3	15	0	0	15	0	0	0
上海	10	79	2	0	77	0	1	4
江苏	10	60	0	5	41	14	0	0
浙江	16	116	0	0	92	24	0	0
安徽	4	30	3	0	27	0	0	0
福建	2	7	0	0	6	1	0	0
江西	2	14	0	0	14	0	1	2
山东	4	24	0	0	24	0	1	2
河南	8	46	1	0	12	33	2	12
湖北	3	24	0	0	24	0	2	12
湖南	4	35	0	0	34	1	1	15
广东	0	0	0	0	0	0	4	16
广西	4	32	0	0	32	0	0	0
海南	1	15	0	0	15	0	0	0
重庆	1	12	0	0	12	0	2	22
四川	5	34	13	0	21	0	0	0
贵州	2	23	0	0	23	0	2	37
云南	1	2	1	1	0	0	4	14
西藏	0	0	0	0	0	0	0	0
陕西	0	0	0	0	0	0	0	0
甘肃	1	5	0	0	5	0	0	0
青海	1	5	0	5	0	0	0	0
宁夏	2	17	0	0	17	0	0	0
新疆	3	13	3	2	8	0	2	17

港、澳 地 区				派往台湾省					
参加会议	参加展览、技贸活动	访问考察	参加其它活动	团组个数（个）	总人数（人次）	参加会议	参加展览、技贸活动	访问考察	参加其它活动
90	**18**	**190**	**65**	**22**	**211**	**103**	**0**	**79**	**29**
5	12	10	0	0	0	0	0	0	0
0	0	36	0	1	2	2	0	0	0
0	0	0	39	0	0	0	0	0	0
0	0	26	0	0	0	0	0	0	0
64	0	0	0	2	14	14	0	0	0
0	0	0	0	0	0	0	0	0	0
0	0	18	0	0	0	0	0	0	0
0	0	0	0	0	0	0	0	0	0
0	0	4	0	0	0	0	0	0	0
0	0	0	0	4	39	30	0	9	0
0	0	0	0	3	18	0	0	18	0
0	0	0	0	1	3	3	0	0	0
0	0	0	0	4	31	4	0	27	0
2	0	0	0	1	5	0	0	5	0
0	0	2	0	0	0	0	0	0	0
0	0	0	12	1	7	1	0	0	6
0	6	6	0	0	0	0	0	0	0
0	0	15	0	0	0	0	0	0	0
4	0	0	12	0	0	0	0	0	0
0	0	0	0	1	8	0	0	8	0
0	0	0	0	2	52	29	0	0	23
10	0	11	1	0	0	0	0	0	0
0	0	0	0	1	20	20	0	0	0
0	0	37	0	0	0	0	0	0	0
0	0	13	1	0	0	0	0	0	0
0	0	0	0	0	0	0	0	0	0
0	0	0	0	0	0	0	0	0	0
0	0	0	0	0	0	0	0	0	0
0	0	0	0	0	0	0	0	0	0
0	0	0	0	0	0	0	0	0	0
5	0	12	0	1	12	0	0	12	0

6—5 各计划单列市科协、省会城市科协

城市	接待国外来访						接待	
	团组个数（个）	总人数（人次）	参加会议	参加展览、技贸活动	访问考察	参加其它活动	团组个数（个）	总人数（人次）
合计	**23**	**173**	**34**	**36**	**75**	**28**	**22**	**99**
计划单列市小计	6	52	7	0	45	0	6	30
宁波	0	0	0	0	0	0	2	5
厦门	0	0	0	0	0	0	0	0
深圳	1	5	0	0	5	0	0	0
青岛	3	38	0	0	38	0	4	25
大连	2	9	7	0	2	0	0	0
省会城市小计	17	121	27	36	30	28	16	69
石家庄	0	0	0	0	0	0	0	0
太原	0	0	0	0	0	0	0	0
呼和浩特	0	0	0	0	0	0	0	0
沈阳	0	0	0	0	0	0	7	28
长春	0	0	0	0	0	0	0	0
哈尔滨	0	0	0	0	0	0	0	0
南京	3	35	0	35	0	0	3	6
杭州	1	8	4	0	4	0	0	0
合肥	1	25	1	1	1	22	0	0
福州	0	0	0	0	0	0	0	0
南昌	0	0	0	0	0	0	0	0
济南	3	11	8	0	3	0	0	0
郑州	0	0	0	0	0	0	0	0
武汉	3	31	14	0	12	5	0	0
长沙	0	0	0	0	0	0	0	0
广州	3	4	0	0	3	1	5	33
南宁	0	0	0	0	0	0	0	0
海口	0	0	0	0	0	0	0	0
成都	2	5	0	0	5	0	0	0
贵阳	0	0	0	0	0	0	0	0
昆明	1	2	0	0	2	0	1	2
拉萨	0	0	0	0	0	0	0	0
西安	0	0	0	0	0	0	0	0
兰州	0	0	0	0	0	0	0	0
西宁	0	0	0	0	0	0	0	0
银川	0	0	0	0	0	0	0	0
乌鲁木齐	0	0	0	0	0	0	0	0

民间国际及对港、澳、台地区科技交流活动

港、澳地区来访				接待台湾省来访					
				团组个数（个）	总人数（人次）				
参加会议	参加展览、技贸活动	访问考察	参加其它活动			参加会议	参加展览、技贸活动	访问考察	参加其它活动
33	**6**	**60**	**0**	**9**	**59**	**10**	**9**	**39**	**1**
5	0	25	0	0	0	0	0	0	0
5	0	0	0	0	0	0	0	0	0
0	0	0	0	0	0	0	0	0	0
0	0	0	0	0	0	0	0	0	0
0	0	25	0	0	0	0	0	0	0
0	0	0	0	0	0	0	0	0	0
28	6	35	0	9	59	10	9	39	1
0	0	0	0	0	0	0	0	0	0
0	0	0	0	0	0	0	0	0	0
0	0	0	0	0	0	0	0	0	0
28	0	0	0	0	0	0	0	0	0
0	0	0	0	0	0	0	0	0	0
0	0	0	0	0	0	0	0	0	0
0	6	0	0	1	6	0	6	0	0
0	0	0	0	1	4	2	1	0	1
0	0	0	0	0	0	0	0	0	0
0	0	0	0	2	4	4	0	0	0
0	0	0	0	0	0	0	0	0	0
0	0	0	0	2	6	4	0	2	0
0	0	0	0	0	0	0	0	0	0
0	0	0	0	0	0	0	0	0	0
0	0	0	0	0	0	0	0	0	0
0	0	33	0	0	0	0	0	0	0
0	0	0	0	0	0	0	0	0	0
0	0	0	0	0	0	0	0	0	0
0	0	0	0	0	0	0	0	0	0
0	0	0	0	2	38	0	2	36	0
0	0	2	0	1	1	0	0	1	0
0	0	0	0	0	0	0	0	0	0
0	0	0	0	0	0	0	0	0	0
0	0	0	0	0	0	0	0	0	0
0	0	0	0	0	0	0	0	0	0
0	0	0	0	0	0	0	0	0	0
0	0	0	0	0	0	0	0	0	0

6—5 续表

城　市	派往国外						派往	
	团组个数（个）	总人数（人次）	参加会议	参加展览、技贸活动	访问考察	参加其它活动	团组个数（个）	总人数（人次）
合　计	**37**	**300**	**100**	**16**	**168**	**16**	**12**	**48**
计划单列市小计	11	76	16	0	59	1	8	36
宁　波	0	0	0	0	0	0	0	0
厦　门	0	0	0	0	0	0	0	0
深　圳	1	10	0	0	10	0	0	0
青　岛	6	46	0	0	46	0	8	36
大　连	4	20	16	0	3	1	0	0
省会城市小计	26	224	84	16	109	15	4	12
石家庄	0	0	0	0	0	0	0	0
太　原	2	50	25	0	25	0	0	0
呼和浩特	0	0	0	0	0	0	0	0
沈　阳	2	7	7	0	0	0	0	0
长　春	0	0	0	0	0	0	0	0
哈尔滨	0	0	0	0	0	0	0	0
南　京	3	15	0	15	0	0	1	6
杭　州	6	96	48	1	47	0	0	0
合　肥	0	0	0	0	0	0	0	0
福　州	1	5	0	0	5	0	0	0
南　昌	1	1	0	0	1	0	0	0
济　南	2	5	3	0	0	2	1	3
郑　州	0	0	0	0	0	0	0	0
武　汉	4	30	0	0	24	6	0	0
长　沙	0	0	0	0	0	0	0	0
广　州	2	2	0	0	2	0	2	3
南　宁	0	0	0	0	0	0	0	0
海　口	0	0	0	0	0	0	0	0
成　都	1	1	1	0	0	0	0	0
贵　阳	1	10	0	0	5	5	0	0
昆　明	1	2	0	0	0	2	0	0
拉　萨	0	0	0	0	0	0	0	0
西　安	0	0	0	0	0	0	0	0
兰　州	0	0	0	0	0	0	0	0
西　宁	0	0	0	0	0	0	0	0
银　川	0	0	0	0	0	0	0	0
乌鲁木齐	0	0	0	0	0	0	0	0

港、澳地区				派往台湾省					
参加会议	参加展览、技贸活动	访问考察	参加其它活动	团组个数（个）	总人数（人次）	参加会议	参加展览、技贸活动	访问考察	参加其它活动
4	**7**	**36**	**1**	**6**	**46**	**34**	**0**	**12**	**0**
0	0	36	0	0	0	0	0	0	0
0	0	0	0	0	0	0	0	0	0
0	0	0	0	0	0	0	0	0	0
0	0	0	0	0	0	0	0	0	0
0	0	36	0	0	0	0	0	0	0
0	0	0	0	0	0	0	0	0	0
4	7	0	1	6	46	34	0	12	0
0	0	0	0	0	0	0	0	0	0
0	0	0	0	0	0	0	0	0	0
0	0	0	0	0	0	0	0	0	0
0	0	0	0	0	0	0	0	0	0
0	0	0	0	0	0	0	0	0	0
0	0	0	0	0	0	0	0	0	0
0	6	0	0	1	8	8	0	0	0
0	0	0	0	0	0	0	0	0	0
0	0	0	0	0	0	0	0	0	0
0	0	0	0	1	1	0	0	1	0
0	0	0	0	0	0	0	0	0	0
2	0	0	1	0	0	0	0	0	0
0	0	0	0	0	0	0	0	0	0
0	0	0	0	0	0	0	0	0	0
0	0	0	0	0	0	0	0	0	0
2	1	0	0	1	3	0	0	3	0
0	0	0	0	0	0	0	0	0	0
0	0	0	0	0	0	0	0	0	0
0	0	0	0	0	0	0	0	0	0
0	0	0	0	0	0	0	0	0	0
0	0	0	0	3	34	26	0	8	0
0	0	0	0	0	0	0	0	0	0
0	0	0	0	0	0	0	0	0	0
0	0	0	0	0	0	0	0	0	0
0	0	0	0	0	0	0	0	0	0
0	0	0	0	0	0	0	0	0	0
0	0	0	0	0	0	0	0	0	0

6—6 各地区省级学会民间国际及对港、澳、台

地区	接待国外来访						接待	
	团组个数（个）	总人数（人次）	参加会议	参加展览、技贸活动	访问考察	参加其它活动	团组个数（个）	总人数（人次）
合计	**1173**	**7572**	**3291**	**855**	**2468**	**958**	**210**	**1481**
北京	74	452	180	32	121	119	12	67
天津	35	93	7	29	53	4	3	7
河北	10	54	26	9	13	6	1	1
山西	37	124	75	32	17	0	1	4
内蒙古	5	82	56	0	18	8	0	0
辽宁	13	93	59	15	4	15	0	0
吉林	34	269	38	6	140	85	5	18
黑龙江	12	61	41	1	16	3	1	10
上海	224	1471	702	318	334	117	32	278
江苏	65	246	133	20	28	65	8	33
浙江	84	437	132	32	256	17	9	30
安徽	25	186	124	0	43	19	3	3
福建	38	118	17	14	40	47	7	15
江西	15	59	8	0	47	4	0	0
山东	46	242	99	23	108	12	2	4
河南	13	47	47	0	0	0	2	9
湖北	74	997	137	176	505	179	6	64
湖南	40	177	139	2	36	0	16	81
广东	75	556	210	10	184	152	71	670
广西	30	251	148	28	61	14	5	36
海南	6	9	2	0	7	0	0	0
重庆	65	881	602	36	203	40	6	45
四川	24	102	53	0	45	4	9	42
贵州	15	33	24	0	9	0	1	2
云南	33	231	150	0	67	14	7	57
西藏	17	88	51	17	0	20	0	0
陕西	41	151	14	47	78	12	3	5
甘肃	16	38	11	2	23	2	0	0
青海	0	0	0	0	0	0	0	0
宁夏	2	15	6	6	3	0	0	0
新疆	5	9	0	0	9	0	0	0

地区科技交流活动

港、澳地区来访				接待台湾省来访					
参加会议	参加展览、技贸活动	访问考察	参加其它活动	团组个数（个）	总人数（人次）	参加会议	参加展览、技贸活动	访问考察	参加其它活动
748	**137**	**408**	**188**	**145**	**1303**	**762**	**171**	**266**	**104**
7	3	40	17	10	88	48	1	4	35
0	5	2	0	3	8	0	0	8	0
1	0	0	0	2	3	2	1	0	0
2	1	1	0	1	3	3	0	0	0
0	0	0	0	0	0	0	0	0	0
0	0	0	0	1	8	4	0	4	0
0	0	18	0	4	14	1	1	6	6
10	0	0	0	1	8	4	0	0	4
210	58	10	0	40	351	115	160	64	12
1	9	16	7	9	70	27	0	34	9
17	0	13	0	5	54	34	0	19	1
3	0	0	0	5	31	17	3	11	0
1	6	1	7	14	41	4	4	19	14
0	0	0	0	5	32	7	0	19	6
0	0	4	0	6	241	233	0	5	3
6	0	3	0	1	23	23	0	0	0
0	0	64	0	4	10	0	0	7	3
48	20	13	0	8	67	57	1	9	0
327	31	163	149	12	204	161	0	35	8
26	0	10	0	1	2	2	0	0	0
0	0	0	0	0	0	0	0	0	0
38	2	5	0	2	3	0	0	3	0
10	0	24	8	1	5	5	0	0	0
1	0	1	0	1	8	4	0	4	0
40	0	17	0	6	16	6	0	10	0
0	0	0	0	0	0	0	0	0	0
0	2	3	0	3	13	5	0	5	3
0	0	0	0	0	0	0	0	0	0
0	0	0	0	0	0	0	0	0	0
0	0	0	0	0	0	0	0	0	0
0	0	0	0	0	0	0	0	0	0

6—6 续表

地　区	派往国外						派往	
	团组个数（个）	总人数（人次）	参加会议	参加展览、技贸活动	访问考察	参加其它活动	团组个数（个）	总人数（人次）
合　计	**650**	**3822**	**1110**	**431**	**1999**	**282**	**161**	**1441**
北　京	15	122	27	4	80	11	5	25
天　津	21	65	14	14	34	3	3	32
河　北	5	43	0	21	22	0	5	46
山　西	19	99	37	25	26	11	4	26
内蒙古	5	39	23	0	16	0	0	0
辽　宁	3	14	11	0	3	0	0	0
吉　林	13	56	40	0	16	0	0	0
黑龙江	5	42	32	0	10	0	0	0
上　海	48	225	99	23	81	22	16	95
江　苏	13	136	15	60	60	1	4	117
浙　江	57	345	55	24	254	12	2	14
安　徽	19	109	3	0	101	5	10	146
福　建	22	89	7	25	50	7	7	113
江　西	12	23	3	0	19	1	4	6
山　东	31	189	99	1	56	33	3	17
河　南	9	15	8	0	6	1	1	2
湖　北	54	176	102	7	41	26	4	31
湖　南	35	266	89	10	163	4	9	124
广　东	70	657	50	163	392	52	45	255
广　西	29	349	198	3	134	14	4	200
海　南	7	77	0	0	77	0	0	0
重　庆	40	131	47	17	59	8	14	37
四　川	16	72	10	3	42	17	6	33
贵　州	8	67	64	1	1	1	4	91
云　南	29	169	23	10	107	29	6	12
西　藏	0	0	0	0	0	0	2	9
陕　西	34	133	3	19	103	8	1	1
甘　肃	21	70	28	1	28	13	0	0
青　海	0	0	0	0	0	0	0	0
宁　夏	6	33	17	0	13	3	1	4
新　疆	4	11	6	0	5	0	1	5

港、澳地区				派往台湾省					
				团组个数（个）	总人数（人次）				
参加会议	参加展览、技贸活动	访问考察	参加其它活动			参加会议	参加展览、技贸活动	访问考察	参加其它活动
517	**214**	**598**	**112**	**106**	**895**	**273**	**21**	**515**	**86**
15	6	3	1	9	107	43	5	55	4
0	0	32	0	7	17	13	0	4	0
6	6	34	0	1	10	5	0	5	0
0	0	26	0	1	13	13	0	0	0
0	0	0	0	0	0	0	0	0	0
0	0	0	0	1	22	11	0	11	0
0	0	0	0	2	3	0	0	3	0
0	0	0	0	2	13	8	0	5	0
33	38	24	0	12	91	40	9	33	9
0	70	43	4	6	100	12	0	88	0
12	0	2	0	12	86	23	0	63	0
52	33	38	23	3	27	12	7	8	0
17	0	96	0	9	58	15	0	23	20
3	0	2	1	4	24	0	0	24	0
17	0	0	0	2	24	6	0	18	0
1	1	0	0	0	0	0	0	0	0
1	1	29	0	1	10	0	0	0	10
75	0	49	0	3	23	2	0	21	0
88	20	74	73	15	118	2	0	85	31
100	0	100	0	3	34	26	0	8	0
0	0	0	0	0	0	0	0	0	0
2	13	17	5	1	1	0	0	1	0
8	20	5	0	3	33	22	0	0	11
74	1	15	1	2	14	13	0	0	1
2	0	7	3	5	51	3	0	48	0
9	0	0	0	0	0	0	0	0	0
0	0	0	1	1	4	4	0	0	0
0	0	0	0	0	0	0	0	0	0
0	0	0	0	0	0	0	0	0	0
2	0	2	0	0	0	0	0	0	0
0	5	0	0	1	12	0	0	12	0

七、社会、科技服务

简要说明

一、本篇包括中国科协及所属全国性学会、省级科协及所属省级学会、地级科协、县级科协开展社会、科技服务的情况。

二、本篇统计资料由三部分组成：（一）中国科协、省级科协、计划单列市科协、省会城市科协开展社会、科技服务的情况。主要指标有：提供科技咨询、完成委托项目、反映科技建议、答复人大代表议案、建议和政协委员提案、接待科技工作者来信来访、提供法律和政策援助、举办培训班等。（二）地级科协（计划单列市科协、省会城市科协除外）、县级科协开展社会、科技服务的情况。主要指标有：提供科技咨询、反映科技建议、答复人大代表议案、建议和政协委员提案、接待科技工作者来信来访、举办培训班等。（三）全国性学会、省级学会开展社会、科技服务的情况。主要指标有：提供科技咨询、完成委托项目、反映科技建议、举办展览、举办培训班等。

主要指标解释

无偿科技咨询 指本单位组织开展的以社会公益为目的、不计报酬的咨询服务。

完成技术咨询合同 指报告期内已经完成结算的合同，尚未结算的合同不统计。

咨询合同实现金额 指本年度内已经完成结算的技术合同总金额。

技术交易额 指咨询合同实现金额扣除直接成本和设备费用后的纯技术交易额(即科技含量部分)。

完成委托项目 指本单位受社会有关部门和单位委托并提供相应费用、已在本年完成的课题研究、项目论证、决策咨询、成果鉴定、职称评定等工作。

反映科技建议 指以书面形式正式向同级或上级党和政府及有关部门反映的有关经济建设、社会和科技发展、科技团体和个人权益保障等方面的意见和建议。

答复人大代表议案、建议和政协委员提案 指人大和政协的有关机构交办、本单位负责并完成答复工作的人大代表议案、建议和政协委员提案。

提供法律和政策援助 是指为本团体（包括本单位及其所属团体）和科技人员的权益保障提供法律、法规和政策的咨询、论证、转呈、呼吁等方面的帮助 。

举办培训班 指本单位针对特定群体开展的为期一周以上并颁发结业证书的各类培训班。农函大培训情况另行统计。

表彰奖励科技人员 指本单位正式行文表彰（含命名）的、在科技工作中有特殊贡献的科技人员。一般的表扬鼓励和专门针对本单位工作人员的表彰奖励不统计在内。

举办国内展览 指本单位单独或牵头举办的展览会、技术展示交流会、博览会等（一般指规模较大，代表性和综合性较强的展览）。不含各种纯科普性质的展教活动。

展览面积 指展览实际有效面积（净面积）。

举办国际展览 指本单位单独或牵头举办、境外参展商比例在20%以上的展览会、技术展示交流会、博览会等。一般指规模较大，代表性和综合性较强的展览。

7—1 中国科协、省级科协、计划单列市科协、省会城市科协社会、科技服务活动汇总

指　　标	合　计		中国科协		省级科协		计划单列市科协		省会城市科协	
	2002年	2003年	2002年	2003年	2002年	2003年	2002年	2003年	2002年	2003年
“金桥工程”本年完成数(项)	3009	2623	0	240	2295	1754	233	228	481	401
无偿科技咨询(项)	2095	4688	1303	2130	465	1827	66	261	261	470
完成技术咨询合同(项)	18595	21022	3	0	9471	11998	3543	3655	5578	5369
咨询合同实现金额(千元)	793583	981829	60	0	617730	759906	58240	69657	117553	152266
#技术交易额	487454	851086	60	0	371538	674899	48490	69273	67366	106914
完成委托项目(项)	2248	2621	3	3	2199	2375	19	64	27	179
反映科技建议(项)	563	895	1	133	244	377	29	53	289	332
答复人大代表议案、建议和政协委员提案(项)	211	146	103	14	57	46	20	5	31	81
接待科技工作者来信来访(件)	3331	2934	735	800	1085	1522	15	26	1496	586
提供法律、政策援助(次)	1201	544	509	0	240	406	105	41	347	97
农函大本年结业学员(人)	238378	95535	200000	34949	21792	33132	15000	13805	1586	13649
举办培训班(个)	1921	3233	185	71	1305	1613	84	40	347	1509
培训人数(人次)	130287	248031	9824	10059	82049	81936	4138	1357	34276	154679
#继续教育	64280	51238	7946	5167	35095	38552	484	532	20755	6987
设立专项奖励基金(项)	258	30	65	16	192	9	1	1	0	4
基金总额(千元)	195265	574883	171500	546540	22645	27115	1120	1020	0	208
本年奖励金额(千元)	8453	1524	8000	167	453	1277	0	0	0	80
表彰奖励科技人员(人次)	4629	3960	250	476	2861	2513	20	485	1498	486
#女性科技人员	929	925	0	132	665	539	8	114	256	140

7－2　地级科协、县级科协社会、科技服务活动汇总

指　标	合　计		地级科协		县级科协	
	2002 年	2003 年	2002 年	2003 年	2002 年	2003 年
“金桥工程”本年完成数（项）	7160	6886	2403	2636	4757	4250
无偿科技咨询（项）	94645	70007	8306	9736	86339	60271
完成技术咨询合同（项）	22320	27754	14842	18757	7478	8997
咨询合同实现金额（千元）	881712	714143	653191	363003	228521	351140
＃技术交易额	438407	337933	360268	203598	78139	134335
反映科技建议（项）	20327	19417	3591	3479	16736	15938
答复人大代表议案、建议和政协委员提案(项)	3598	3724	515	488	3038	3236
接待科技工作者来信来访（件）	69477	53117	6417	6904	63060	46213
农函大本年结业学员（人）	423646	459187	49961	56463	373685	402724
举办培训班（个）	59866	61070	7345	6941	52521	54129
培训人数（人次）	13367360	11568701	963865	943559	12403495	10625142
＃农村实用技术培训人数	10470898	8198362	637046	564048	9833852	7634314
＃农村党员干部	2687018	2279638	292928	181164	2394090	2098474

7—3 全国性学会、省级学会社会、科技服务活动汇总

地　区	合　计		全国性学会		省级学会	
	2002年	2003年	2002年	2003年	2002年	2003年
无偿科技咨询（项）	29850	31013	2724	4395	27126	26618
完成技术咨询合同（项）	11022	7910	183	268	10839	7642
咨询合同实现金额（千元）	282107	251411	63805	16375	218302	235036
＃技术交易额	62674	72528	1447	5813	61227	66715
完成委托项目（项）	3986	6453	482	386	3504	6067
反映科技建议（项）	24573	12143	129	385	24444	11758
举办国内展览（次）	915	607	88	120	827	487
＃展览面积1000平方米以上	298	217	40	35	258	182
举办国际展览（次）	96	85	41	31	55	54
展览面积（平方米）	402640	701984	224020	317526	178620	384458
举办培训班（个）	10956	10674	1113	1002	9843	9672
培训人数（人次）	924256	1320079	112680	126537	811576	1193542
＃继续教育	325937	334094	51168	53747	274769	280347
设立专项奖励基金（个）	3337	113	122	53	3215	60
基金总额（千元）	118967	86554	110811	74716	8156	11838
本年奖励金额（千元）	6517	6761	2471	3595	4046	3166
表彰奖励科技人员（人次）	16316	16390	3897	5240	12419	11150
＃女性科技人员	3432	3714	735	965	2697	2749

7—4 各省级科协社会、

省份	"金桥工程"本年完成数（项）	无偿科技咨询（项）	完成技术咨询合同（项）	咨询合同实现金额（千元）	#技术交易额	完成委托项目（项）	反映科技建议（项）	答复人大代表议案、建议和政协委员提案（项）	接待科技工作者来信来访（件）
合计	**1754**	**1827**	**11998**	**759906**	**674899**	**2375**	**377**	**46**	**1522**
北京	388	0	271	70060	70060	1	122	0	0
天津	0	0	28	1861	1861	0	12	1	0
河北	1	220	606	2800	0	0	0	0	0
山西	27	0	7	517	13	0	2	0	16
内蒙古	14	9	0	0	0	1	0	2	0
辽宁	208	127	135	7344	7344	0	6	0	11
吉林	12	30	400	12500	0	6	7	0	11
黑龙江	0	8	136	18600	18600	136	2	0	15
上海	6	0	588	65589	61485	0	7	0	5
江苏	24	26	967	98310	98310	0	4	0	86
浙江	50	86	1016	112785	112785	0	11	0	87
安徽	106	572	4732	86000	45100	1083	0	0	0
福建	25	2	1389	110525	110525	1108	7	0	10
江西	0	0	118	27600	27600	20	0	2	0
山东	120	110	382	28000	28000	0	0	8	160
河南	236	71	130	9000	9000	0	8	0	0
湖北	76	0	322	35600	30400	0	0	0	0
湖南	141	0	0	0	0	0	0	4	5
广东	0	3	53	8855	0	9	1	0	4
广西	10	373	208	2380	190	0	3	0	10
海南	12	15	0	0	0	0	5	0	2
重庆	186	10	168	30462	30462	3	1	13	15
四川	78	0	64	8000	7400	0	1	0	0
贵州	0	25	36	596	342	7	141	4	1000
云南	2	24	59	4370	2840	0	20	12	52
西藏	0	0	0	0	0	0	0	0	0
陕西	0	0	105	10000	9250	0	0	0	0
甘肃	24	0	0	0	0	0	4	0	0
青海	0	0	29	4800	0	0	0	0	0
宁夏	4	116	5	60	40	1	13	0	33
新疆	4	0	44	3292	3292	0	0	0	0

科技服务活动

提供法律、政策援助（次）	农函大本年结业学员（人）	举办培训班			设立专项奖励基金			表彰奖励科技人员（人次）	
		个数（个）	培训人数（人次）	#继续教育	项数（项）	基金总额（千元）	本年奖励金额（千元）		#女性科技人员
406	**33132**	**1613**	**81936**	**38552**	**9**	**27115**	**1277**	**2513**	**539**
25	0	534	21656	20404	0	0	0	337	84
0	0	46	3218	0	1	2227	0	71	25
30	11000	0	0	0	0	0	0	0	0
0	6800	130	2975	1302	0	0	0	154	21
0	450	0	0	0	0	0	0	61	17
3	0	3	120	0	0	0	0	376	53
0	0	0	0	0	0	0	0	0	0
16	0	0	0	0	1	150	103	99	11
0	0	230	8328	5869	1	15068	325	20	3
12	0	28	2616	0	0	0	0	219	36
87	0	72	3832	3704	0	0	0	71	6
0	5624	34	1683	26	1	400	400	227	81
4	0	114	7681	2985	2	4600	205	85	15
0	2758	7	389	0	1	2550	0	48	8
200	0	1	40	0	1	120	0	0	0
0	0	5	503	210	0	0	0	130	40
0	0	84	7130	30	0	0	0	0	0
3	5000	127	5837	57	0	0	0	30	3
0	0	16	1438	0	0	0	0	28	6
0	1500	104	4060	690	0	0	0	30	3
0	0	11	900	0	0	0	0	75	0
3	0	2	300	0	0	0	0	0	0
0	0	3	385	300	0	0	0	236	81
0	0	19	2614	1757	0	0	0	0	0
15	0	9	4120	800	1	2000	244	188	41
0	0	0	0	0	0	0	0	0	0
0	0	23	1837	418	0	0	0	0	0
7	0	11	274	0	0	0	0	25	3
0	0	0	0	0	0	0	0	0	0
1	0	0	0	0	0	0	0	3	2
0	0	0	0	0	0	0	0	0	0

7—5 各计划单列市科协、省会城市

城市	"金桥工程"本年完成数（项）	无偿科技咨询（项）	完成技术咨询合同（项）	咨询合同实现金额（千元）	#技术交易额	完成委托项目（项）	反映科技建议（项）	答复人大代表议案、建议和政协委员提案（项）	接待科技工作者来信来访（件）
合计	**629**	**731**	**9024**	**221923**	**176187**	**243**	**385**	**86**	**612**
计划单列市小计	228	261	3655	69657	69273	64	53	5	26
宁波	0	0	367	3120	2750	0	4	0	12
厦门	4	0	208	507	507	0	32	2	0
深圳	26	75	5	30	16	8	1	0	12
青岛	110	160	3000	58000	58000	26	16	3	2
大连	88	26	75	8000	8000	30	0	0	0
省会城市小计	401	470	5369	152266	106914	179	332	81	586
石家庄	10	5	10	550	390	0	12	2	270
太原	3	1	5	100	60	0	0	0	0
呼和浩特	6	200	360	8000	500	0	4	4	0
沈阳	0	0	0	0	0	0	0	0	0
长春	0	0	0	0	0	0	3	3	0
哈尔滨	20	5	0	0	0	8	30	0	80
南京	92	0	1601	39000	32000	0	0	0	0
杭州	0	0	0	0	0	0	0	3	1
合肥	30	100	1100	30000	12500	0	0	2	6
福州	10	2	333	1018	1018	0	0	5	0
南昌	0	0	160	19981	19968	160	0	0	0
济南	102	0	86	6000	6000	0	3	1	0
郑州	24	10	625	1296	1296	0	210	4	60
武汉	1	50	125	32922	32922	9	1	0	0
长沙	0	0	0	0	0	2	2	0	3
广州	0	0	24	1085	0	0	0	0	12
南宁	0	0	500	1200	96	0	2	0	0
海口	2	0	0	0	0	0	0	0	3
成都	91	0	0	0	0	0	0	27	0
贵阳	0	8	200	3000	50	0	2	2	5
昆明	0	56	0	0	0	0	6	0	100
拉萨	0	0	0	0	0	0	0	0	0
西安	0	10	40	114	114	0	0	0	0
兰州	0	15	0	0	0	0	0	0	0
西宁	0	8	0	0	0	0	7	8	44
银川	0	0	0	0	0	0	0	0	2
乌鲁木齐	10	0	200	8000	0	0	50	20	0

科协社会、科技服务活动

提供法律、政策援助（次）	农函大本年结业学员（人）	举办培训班			设立专项奖励基金			表彰奖励科技人员（人次）	
		个数（个）	培训人数（人次）	#继续教育	项数（项）	基金总额（千元）	本年奖励金额（千元）		#女性科技人员
138	**27454**	**1549**	**156036**	**7519**	**5**	**1228**	**80**	**971**	**254**
41	13805	40	1357	532	1	1020	0	485	114
18	13805	8	442	212	1	1020	0	0	0
0	0	9	348	268	0	0	0	174	48
0	0	1	60	0	0	0	0	0	0
6	0	0	0	0	0	0	0	0	0
17	0	22	507	52	0	0	0	311	66
97	13649	1509	154679	6987	4	208	80	486	140
0	2245	0	0	0	0	0	0	0	0
0	0	3	180	0	0	0	0	0	0
0	350	0	0	0	0	0	0	0	0
0	300	1210	115000	0	0	0	0	0	0
0	0	0	0	0	1	100	0	0	0
10	10000	0	0	0	0	0	0	150	60
2	0	11	1007	927	0	0	0	10	0
0	0	0	0	0	0	0	0	0	0
0	0	0	0	0	0	0	0	10	1
0	0	18	921	0	0	0	0	0	0
0	560	2	50	0	0	0	0	0	0
0	0	2	617	0	0	0	0	42	6
0	0	0	0	0	0	0	0	56	19
0	0	9	3177	38	0	0	0	59	21
0	0	4	280	280	0	0	0	56	8
5	0	7	2000	1600	0	0	0	0	0
0	0	0	0	0	0	0	0	0	0
0	0	0	0	0	0	0	0	0	0
0	0	32	2700	2600	0	0	0	0	0
0	0	4	100	80	1	80	80	20	5
0	0	41	3348	1360	2	28	0	73	18
0	0	15	600	0	0	0	0	0	0
0	0	0	0	0	0	0	0	0	0
0	0	0	0	0	0	0	0	0	0
80	0	103	21990	0	0	0	0	0	0
0	194	2	170	0	0	0	0	10	2
0	0	46	2539	102	0	0	0	0	0

7—6 各地区地级科协社会、

地区	"金桥工程"本年完成数（项）	无偿科技咨询（项）	完成技术咨询合同（项）	咨询合同实现金额（千元）	#技术交易额	反映科技建议（项）
合计	**2636**	**9736**	**18757**	**363003**	**203598**	**3479**
北京	231	552	554	20240	8260	131
天津	11	510	89	10020	9560	289
河北	112	188	345	9569	6879	36
山西	17	88	13	2766	1018	119
内蒙古	28	34	30	2000	0	49
辽宁	324	37	974	47222	11192	95
吉林	273	78	308	7788	5550	114
黑龙江	101	1980	748	12950	1885	875
上海	0	55	1252	48166	32271	69
江苏	384	577	5954	42368	22714	103
浙江	116	188	1240	23730	21400	73
安徽	211	127	496	13787	10380	46
福建	57	562	2147	5670	4270	34
江西	11	49	58	1283	1195	30
山东	89	1076	2201	24786	17558	198
河南	114	1248	593	20813	6040	77
湖北	106	170	84	9522	4650	96
湖南	19	197	133	11718	9261	99
广东	20	346	12	62	5	102
广西	15	89	21	560	100	10
海南	0	15	0	0	0	2
重庆	49	247	73	1463	366	63
四川	213	405	656	32936	23757	104
贵州	0	15	0	0	0	15
云南	9	429	5	360	2	79
西藏	0	3	0	0	0	14
陕西	64	352	227	172	55	154
甘肃	48	22	92	872	460	155
青海	2	39	0	0	0	9
宁夏	0	10	0	0	0	6
新疆	12	48	452	12180	4770	233

科技服务活动

答复人大代表议案、建议和政协委员提案（项）	接待科技工作者来信来访（件）	农函大本年结业学员（人）	举办培训班			
			个数（个）	培训人数（人次）	#农村实用技术培训人数	#农村党员干部
488	**6904**	**56463**	**6941**	**943559**	**564048**	**181164**
12	78	5800	740	59287	39360	17698
16	50	114	264	25256	18579	3155
1	46	2774	743	121965	118100	44723
12	2339	430	305	104580	3760	820
2	54	750	228	11950	10396	2727
3	98	9224	104	3693	300	643
10	65	60	127	10380	5150	730
20	163	625	28	2886	1700	700
38	146	0	667	73597	19234	28564
16	405	0	504	24262	5480	1465
22	95	26851	1039	97922	65371	17706
9	116	0	72	10645	2445	1470
6	24	380	57	6954	6954	380
10	301	50	202	12760	8920	3840
58	266	2642	163	170620	17560	9066
17	565	0	64	22869	15990	3345
19	162	1166	53	5368	3320	300
55	345	310	34	3620	2100	1316
20	238	0	130	13041	5830	2343
4	37	188	139	16973	12938	5135
5	0	0	74	9560	9100	460
14	177	8	273	29540	20231	6201
27	414	0	11	1640	1250	450
15	37	0	65	8606	3546	2459
18	199	966	22	2547	1817	1172
1	15	0	44	12926	8863	2623
25	227	1931	89	29069	20347	2384
7	175	1180	35	9400	3023	1714
7	2	0	92	4495	3737	268
4	12	0	5	8000	600	200
15	53	1014	568	137148	128047	17107

7—7 各地区县级科协社会、

地区	"金桥工程"本年完成数（项）	无偿科技咨询（项）	完成技术咨询合同（项）	咨询合同实现金额（千元）	#技术交易额	反映科技建议（项）
合计	**4250**	**60271**	**8997**	**351140**	**134335**	**15938**
北京	37	15	0	0	0	39
天津	0	44	0	0	0	5
河北	214	3955	103	1468	503	708
山西	289	1538	36	467	54	520
内蒙古	80	1309	1274	8144	2766	413
辽宁	583	3401	157	31630	3610	349
吉林	59	920	31	70	60	142
黑龙江	288	4446	83	16064	3180	820
上海	0	10	0	0	0	0
江苏	384	4762	3426	73529	18906	1106
浙江	307	4938	654	62868	51725	1100
安徽	219	1360	486	12512	10	338
福建	132	1648	257	5001	2200	651
江西	43	1506	169	675	217	378
山东	248	6993	702	49456	23417	2198
河南	154	2973	95	2040	1067	2057
湖北	223	1511	359	12723	6456	610
湖南	156	5771	580	25227	11719	824
广东	40	1497	55	1914	576	311
广西	33	1495	63	221	24	427
海南	4	138	0	0	0	23
重庆	91	344	52	36133	1304	226
四川	417	2971	271	8805	4826	1077
贵州	37	884	3	184	56	179
云南	15	1425	21	2	1	431
西藏	0	0	0	0	0	0
陕西	115	2835	71	247	136	264
甘肃	60	568	22	75	22	537
青海	2	61	0	0	0	16
宁夏	11	492	0	0	0	43
新疆	9	461	27	1685	1500	146

科技服务活动

答复人大代表议案、建议和政协委员提案（项）	接待科技工作者来信来访（件）	农函大本年结业学员（人）	举办培训班			
			个　数（个）	培训人数（人次）	#农村实用技术培训人数	#农　村党员干部
3236	**46213**	**402724**	**54129**	**10625142**	**7634314**	**2098474**
0	0	0	400	20000	20000	0
2	5	0	34	3270	20	20
160	2286	9758	2031	351223	263548	74633
170	909	2005	1156	414926	315077	100734
98	509	4074	8202	1358319	1071001	100457
141	562	13764	5529	1100933	628460	154898
62	768	715	1462	288400	260656	35300
159	1413	11027	1268	308276	195426	24472
1	0	0	108	30500	9000	21500
201	2199	694	4866	765049	457613	296283
112	1165	143873	4084	455977	330694	111530
110	2444	0	663	205188	146482	52736
73	2121	36257	1830	150312	112587	30256
77	1402	17986	650	84142	69568	18028
276	2425	11048	4228	1082591	707390	283478
233	2905	2361	1446	720669	559918	130395
194	1703	3115	1969	909699	561216	151424
267	6150	30846	1179	98431	72892	43560
74	2427	889	1814	282501	178363	96378
75	3173	1794	2413	336795	283874	62569
6	55	263	210	31292	23522	10737
26	912	960	134	13644	8435	4838
167	4152	1991	100	431999	384650	22880
67	1422	1201	2695	383352	338792	68680
140	2504	100633	1421	85553	66615	24899
0	0	0	0	0	0	0
143	967	4185	1501	308418	258729	58573
94	709	2260	925	144429	115294	33569
26	48	110	341	53547	43067	6847
19	621	395	433	61712	49783	30587
63	257	520	1037	143995	101642	48213

7—8　各地区省级学会社会、

地　　区	无偿科技咨询（项）	完成技术咨询合同（项）	咨询合同实现金额（千元）	#技　术交易额	完成委托项目（项）	反映科技建议（项）	举办国内展览（次）	#展览面积1000平方米以上
合　　计	**26618**	**7642**	**235036**	**66715**	**6067**	**11758**	**487**	**182**
北　　京	1679	789	20482	10840	110	95	21	6
天　　津	692	212	6282	1945	327	199	11	6
河　　北	736	76	4110	620	38	3029	4	4
山　　西	566	25	461	15	44	335	6	0
内 蒙 古	117	9	103	40	1	287	1	0
辽　　宁	143	11	752	10	13	8	16	4
吉　　林	652	70	3039	348	42	896	9	3
黑 龙 江	151	18	96	22	57	259	7	4
上　　海	5779	1247	59080	5148	69	37	81	13
江　　苏	542	146	3591	815	67	73	15	10
浙　　江	770	259	11401	7352	95	57	24	15
安　　徽	641	172	2425	1105	174	84	23	3
福　　建	593	336	2974	488	164	144	17	5
江　　西	667	153	3297	408	35	68	6	2
山　　东	2629	2139	35763	32935	133	5000	17	7
河　　南	893	31	1372	54	23	29	1	0
湖　　北	1064	86	6490	180	3048	75	14	8
湖　　南	941	91	2810	162	220	262	11	8
广　　东	601	264	8039	672	184	59	49	24
广　　西	835	112	4257	664	161	125	30	12
海　　南	34	2	1340	0	3	55	4	3
重　　庆	2477	252	39646	686	64	316	51	21
四　　川	1079	244	11084	1483	42	45	10	7
贵　　州	134	24	721	135	15	27	4	1
云　　南	1183	633	1304	279	54	44	5	1
西　　藏	153	4	11	0	0	8	0	0
陕　　西	397	219	3924	179	826	44	40	14
甘　　肃	112	5	32	30	15	9	0	0
青　　海	0	0	0	0	0	0	0	0
宁　　夏	148	12	140	90	20	82	5	0
新　　疆	210	1	10	10	23	7	5	1

科技服务活动

举办国际展览		举办培训班			设立专项奖励基金			表彰奖励科技人员（人次）	
次数（次）	展览面积（平方米）	个数（个）	培训人数（人次）	#继续教育	项数（项）	基金总额（千元）	本年奖励金额（千元）		#女性科技人员
54	**384458**	**9672**	**1193542**	**280347**	**60**	**11838**	**3166**	**11150**	**2749**
3	5000	229	29436	12761	4	1220	97	395	128
0	0	241	21913	11222	1	128	9	265	69
0	0	244	19102	9378	5	216	149	618	145
1	40	111	14018	2394	4	326	20	748	227
2	2	51	4398	230	0	0	0	74	26
1	13000	34	4896	1951	0	0	0	1	0
0	0	175	11020	1858	0	0	0	276	53
5	50660	83	7465	3753	1	3	8	180	43
20	217570	682	123067	77228	3	5089	182	252	44
0	0	176	22484	7006	2	330	153	275	52
1	2000	317	24464	9062	6	374	564	422	76
0	0	149	11967	2385	2	80	38	452	109
1	1000	745	46169	20524	3	305	51	608	186
0	0	258	19765	7870	2	300	0	593	132
0	0	308	28210	8865	1	200	1368	1501	364
0	0	148	23241	10946	0	0	20	448	149
0	0	110	14623	3349	1	3	3	139	43
1	120	364	34397	9855	4	630	87	821	162
7	89301	656	100057	22530	4	830	70	527	233
1	10	521	15941	9473	1	10	2	141	25
0	0	83	8471	6829	0	0	2	3	1
8	1742	487	41503	8056	4	90	218	622	148
0	0	51	6552	2278	1	20	15	326	64
0	0	2326	456075	945	1	10	4	159	26
1	1	181	19546	7830	1	412	14	359	78
0	0	388	30540	705	0	0	0	0	0
2	4012	249	25743	10207	7	1247	67	448	46
0	0	68	4116	2482	2	15	14	117	27
0	0	0	0	0	0	0	0	0	0
0	0	113	10436	5275	0	0	11	277	59
0	0	124	13927	3100	0	0	0	103	34

八、科技传媒

简要说明

一、本篇包括中国科协及其所属全国性学会、省级科协及其所属省级学会、地级科协、县级科协科技传媒情况。

二、本篇统计资料由三部分组成：（一）中国科协、省级科协、计划单列市科协、省会城市科协科技传媒情况。主要指标有：主办科技期刊、主办科技报纸、编著科技图书、编辑论文集、制作科技录音录像带、制作科技光盘、摄制科技电影、制作科技广播、电视节目等。对科技期刊新增了发表论文的统计。（二）地级科协（计划单列市科协、省会城市科协除外）、县级科协科技传媒情况。考虑到实际情况，仅设置编著科技图书、制作科技录音录像带、制作科技光盘及相关指标。（三）全国性学会、省级学会科技传媒情况。指标设置与第一部分完全相同。

三、考虑到数据情况，删除了外文版指标。

主要指标解释

主办科技期刊　指本单位主办的学术期刊、科普期刊、综合期刊、技术期刊和检索期刊。只统计在新闻出版机构注册登记，有正式刊号或内部准印证并由本单位直接主办、负责编辑的期刊，不包括各类内部刊物。

科技期刊发行量　指各种科技期刊每期印数与发行期数乘积的总和。

主办科技报纸　指本单位主办的面向社会的科技综合类、信息类、普及类和专业技术类报纸。只统计在新闻出版机构注册登记，有正式报刊登记证，由本单位直接主办、负责编辑的科技报纸。

科技报纸发行量　指各种科技报纸每期份数发行期数乘积的总和。

编著科技图书　指本单位组织编著的科技综合类、信息类、普及类、专业技术类和专著等图书。只统计在新闻出版机构登记、有正式刊号的科技图书。

编辑论文集　指本单位选编的论文汇编集。包括由本单位内部出版的论文集和面向科技人员的学术性文集。不统计由作者自印或会议上印发的单篇论文资料；不统计会议纪要、简报、学术会议综述等会务资料。

制作科技光盘　指本单位制作并正式出版发行、以传播科学技术为题材的光盘，包括激光唱盘（CD）、激光视盘（VCD）、高密度激光唱盘（DVD-A）和高密度激光视盘（DVD-V）等。

8—1 中国科协、省级科协、计划单列市科协、省会城市科协科技传媒汇总

指标	合计		中国科协		省级科协		计划单列市科协		省会城市科协	
	2002 年	2003 年	2002 年	2003 年	2002 年	2003 年	2002 年	2003 年	2002 年	2003 年
主办科技期刊（种）	97	96	10	14	61	68	6	5	20	9
年发行总数（册）	15655299	25507319	2254200	2779500	13316599	22662099	5800	1000	78700	64720
发表论文（篇）	—	40078	—	35261	—	4009	—	60	—	748
#学术期刊（种）	14	15	2	4	6	4	5	5	1	2
年发行总数（册）	314500	299013	160000	155000	123500	113000	1000	1000	30000	30013
发表论文（篇）	—	36288	—	35261	—	545	—	60	—	422
#科普期刊（种）	48	63	8	9	38	50	0	0	2	4
年发行总数（册）	15055299	24708606	2094200	2619500	12920899	22079899	0	0	40200	9207
发表论文（篇）	—	2628	—	0	—	2542	—	0	—	86
#技术期刊（种）	4	5	0	0	3	3	1	0	0	2
年发行总数（册）	115800	328100	0	0	111000	303600	4800	0	0	24500
发表论文（篇）	—	635	—	0	—	495	—	0	—	140
主办科技报纸（种）	39	41	1	1	33	36	1	1	4	3
年发行总数（千份）	122258	162743	5760	32	115562	162463	26	24	910	224
编著科技图书（种）	786	355	526	21	227	289	13	16	20	29
年发行总数（册）	12898918	4603800	6305000	142500	6454608	4310400	26660	43000	112650	107900
#科普图书（种）	560	329	386	16	159	275	5	16	10	22
年发行总数（册）	9665600	4513100	4615000	123500	4971600	4257600	12000	43000	67000	89000
编辑论文集（种）	255	147	141	7	80	85	17	17	17	38
年发行总数（册）	1750600	95120	1680400	13250	53650	47670	6560	8200	9990	26000
发表论文（篇）	—	9432	—	3376	—	3422	—	355	—	2279
制作科技录音录像带（种）	52	98	15	22	35	66	0	0	2	10
年发行总数（盒）	7266	53146	3000	27900	4216	20196	0	0	50	5050
制作科技光盘（种）	242	685	15	171	209	498	2	0	16	16
年发行总数（张）	1840701	1337514	7000	19000	1828461	1303664	3160	0	2080	14850
摄制科技电影（部）	12	22	0	0	12	22	0	0	0	0
年发行总数（拷贝）	22	22	0	0	22	22	0	0	0	0
制作科技广播、电视节目(套)	85	598	0	0	66	558	0	1	19	39
年累计播放时间（小时）	572	413	0	0	452	332	0	67	120	14

8—2 地级科协、县级科协科技传媒汇总

指　标	合　计		地级科协		县级科协	
	2002年	2003年	2002年	2003年	2002年	2003年
编著科技图书（种）	446	600	195	178	251	422
年发行总数（册）	2154208	4221991	1074850	1635030	1079358	2586961
制作科技录音录像带（种）	787	514	93	58	694	456
年发行总数（盒）	29695	67547	12868	19400	16827	48147
制作科技光盘（种）	1819	1100	77	259	1742	841
年发行总数（张）	53786	162125	10428	64894	43358	97231

8—3 全国性学会、省级学会科技传媒汇总

指　标	合　计		全国性学会		省级学会	
	2002年	2003年	2002年	2003年	2002年	2003年
主办科技期刊（种）	2072	2063	740	873	1332	1190
年发行总数（册）	105987806	79559031	74106084	51691259	31881722	27867772
发表论文（篇）	—	2121822	—	1961951	—	159871
#学术期刊（种）	1171	1336	515	650	656	686
年发行总数（册）	45513639	25408199	34477575	16502113	11036064	8906086
发表论文（篇）	—	618959	—	498351	—	120608
#科普期刊（种）	200	225	73	87	127	138
年发行总数（册）	38356610	41239375	28708860	28411876	9647750	12827499
发表论文（篇）	—	579014	—	571706	—	7308
#技术期刊（种）	385	457	145	131	240	326
年发行总数（册）	10156992	8770182	5498132	4033848	4658860	4736334
发表论文（篇）	—	909941	—	882252	—	27689
主办科技报纸（种）	91	65	10	14	81	51
年发行总数（千份）	166783	97117	28005	32756	138778	64361
编著科技图书（种）	929	1002	241	223	688	779
年发行总数（册）	4226818	4591668	814000	1185061	3412818	3406607
#科普图书（种）	404	473	112	88	292	385
年发行总数（册）	2547958	2414540	369300	739240	2178658	1675300
编辑论文集（种）	2598	2371	932	899	1666	1472
年发行总数（册）	1180129	1734201	379320	1049418	800809	684783
发表论文（篇）	—	194089	—	114723	—	79366
制作科技录音录像带（种）	140	223	31	89	109	134
年发行总数（盒）	26180	45783	15788	15846	10392	29937
制作科技光盘（种）	932	755	620	524	312	231
年发行总数（张）	226305	234666	102686	115668	123619	118998
摄制科技电影（部）	1	25	—	1	1	24
年发行总数（拷贝）	1	361	—	10	1	351
制作科技广播、电视节目(套)	624	335	184	38	440	297
年累计播放时间（小时）	2075	990	1249	320	826	670

8—4 各省级科协

省份	主办					
	种类（种）	年发行总数（册）	发表论文（篇）	#学术期刊		
				种类（种）	年发行总数（册）	发表论文（篇）
合计	**68**	**22662099**	**4009**	**4**	**113000**	**545**
北京	1	27600	26	0	0	0
天津	2	1400000	3	0	0	0
河北	2	26500	62	1	25000	60
山西	1	150000	46	0	0	0
内蒙古	1	60000	40	0	0	0
辽宁	1	9000	1	0	0	0
吉林	2	12400	50	0	0	0
黑龙江	2	230000	300	0	0	0
上海	2	166000	379	1	16000	55
江苏	1	2500000	10	0	0	0
浙江	2	60000	130	1	12000	130
安徽	1	6000	120	0	0	0
福建	5	229000	686	1	60000	300
江西	3	699451	60	0	0	0
山东	4	42000	66	0	0	0
河南	2	76000	6	0	0	0
湖北	2	7000	32	0	0	0
湖南	1	1847749	100	0	0	0
广东	0	0	0	0	0	0
广西	2	1128410	10	0	0	0
海南	1	720000	300	0	0	0
重庆	18	6871900	50	0	0	0
四川	3	4288403	3	0	0	0
贵州	1	200000	1200	0	0	0
云南	2	1832286	6	0	0	0
西藏	0	0	0	0	0	0
陕西	0	0	0	0	0	0
甘肃	0	0	0	0	0	0
青海	1	36000	300	0	0	0
宁夏	1	2400	8	0	0	0
新疆	4	34000	15	0	0	0

科技传媒

科技期刊						主办科技报纸	
# 科普期刊			# 技术期刊			种类	年发行总数
种类（种）	年发行总数（册）	发表论文（篇）	种类（种）	年发行总数（册）	发表论文（篇）	（种）	（千份）
50	**22079899**	**2542**	**3**	**303600**	**495**	**36**	**162463**
0	0	0	0	0	0	3	3002
2	1400000	3	0	0	0	0	0
1	1500	2	0	0	0	1	15080
1	150000	46	0	0	0	1	7344
1	60000	40	0	0	0	1	480
0	0	0	0	0	0	1	104
2	12400	50	0	0	0	1	3100
0	0	0	1	200000	115	1	50
1	150000	324	0	0	0	2	11698
1	2500000	10	0	0	0	1	4376
0	0	0	0	0	0	0	0
0	0	0	0	0	0	1	3000
1	58800	6	2	103600	380	1	1100
2	684451	2	0	0	0	0	0
4	42000	66	0	0	0	1	120
2	76000	6	0	0	0	1	28128
0	0	0	0	0	0	1	15000
1	1847749	100	0	0	0	1	19457
0	0	0	0	0	0	1	2000
1	1126010	10	0	0	0	4	8670
1	720000	300	0	0	0	0	0
18	6871900	50	0	0	0	4	36482
3	4288403	3	0	0	0	1	474
1	200000	1200	0	0	0	1	443
1	1818286	1	0	0	0	2	100
0	0	0	0	0	0	0	0
0	0	0	0	0	0	1	1500
0	0	0	0	0	0	1	180
1	36000	300	0	0	0	2	544
1	2400	8	0	0	0	1	31
4	34000	15	0	0	0	0	0

8—4 续表

省份	编著科技图书 种类（种）	编著科技图书 年发行总数（册）	#科普图书 种类（种）	#科普图书 年发行总数（册）	编辑论文集 种类（种）	编辑论文集 年发行总数（册）	编辑论文集 发表论文（篇）
合计	**289**	**4310400**	**275**	**3987600**	**85**	**47670**	**3422**
北京	9	45300	9	45300	8	5800	370
天津	0	0	0	0	2	1000	123
河北	0	0	0	0	0	0	0
山西	0	0	0	0	1	70	103
内蒙古	0	0	0	0	0	0	0
辽宁	3	22000	0	0	3	900	370
吉林	0	0	0	0	1	200	120
黑龙江	0	0	0	0	0	0	0
上海	10	57000	6	43300	4	2400	275
江苏	20	100000	20	100000	0	0	0
浙江	0	0	0	0	5	1200	175
安徽	0	0	0	0	0	0	0
福建	1	4000	1	4000	0	0	0
江西	1	800	0	0	0	0	0
山东	1	1000	0	0	45	9000	560
河南	0	0	0	0	0	0	0
湖北	4	11800	1	3000	1	3000	34
湖南	1	5000	0	0	0	0	0
广东	0	0	0	0	2	700	197
广西	0	0	0	0	3	900	50
海南	0	0	0	0	2	1000	278
重庆	223	3960000	223	3960000	0	0	0
四川	0	0	0	0	2	15100	35
贵州	0	0	0	0	0	0	0
云南	5	60000	5	60000	5	3400	332
西藏	0	0	0	0	0	0	0
陕西	0	0	0	0	0	0	0
甘肃	0	0	0	0	1	3000	400
青海	0	0	0	0	0	0	0
宁夏	2	6500	1	5000	0	0	0
新疆	9	37000	9	37000	0	0	0

制作科技录音录像带		制作科技光盘		摄制科技电影		制作科技广播、电视节目	
种类（种）	年发行总数（盒）	种类（种）	年发行总数（张）	种类（本/部）	年发行总数（拷贝）	种类（套）	年累计播放时间（小时）
66	**20196**	**498**	**1303664**	**22**	**22**	**558**	**332**
3	5000	26	29600	0	0	23	4
0	0	0	0	0	0	0	0
3	300	3	300	0	0	0	0
30	2650	30	3000	22	22	3	4
0	0	0	0	0	0	0	0
3	3	224	224	0	0	0	0
0	0	0	0	0	0	0	0
0	0	0	0	0	0	0	0
0	0	52	3900	0	0	10	11
0	0	6	2300	0	0	5	3
0	0	32	1710	0	0	430	68
0	0	1	100	0	0	0	0
1	5000	0	0	0	0	0	0
0	0	0	0	0	0	5	10
0	0	4	800	0	0	0	0
0	0	0	0	0	0	10	90
5	200	15	2550	0	0	0	0
0	0	0	0	0	0	16	16
0	0	0	0	0	0	50	120
0	0	0	0	0	0	0	0
0	0	0	0	0	0	0	0
5	30	87	1250000	0	0	0	0
0	0	0	0	0	0	0	0
0	0	0	0	0	0	0	0
0	0	1	800	0	0	0	0
0	0	0	0	0	0	0	0
0	0	0	0	0	0	0	0
0	0	0	0	0	0	0	0
0	0	0	0	0	0	0	0
16	7013	4	7700	0	0	1	1
0	0	13	680	0	0	5	5

8—5 各计划单列市科协、

城市	主	办				
	种类（种）	年发行总数（册）	发表论文（篇）	# 学术期刊		
				种类（种）	年发行总数（册）	发表论文（篇）
合计	**14**	**65720**	**808**	**7**	**31013**	**482**
计划单列市小计	5	1000	60	5	1000	60
宁波	0	0	0	0	0	0
厦门	0	0	0	0	0	0
深圳	0	0	0	0	0	0
青岛	5	1000	60	5	1000	60
大连	0	0	0	0	0	0
省会城市小计	9	64720	748	2	30013	422
石家庄	0	0	0	0	0	0
太原	2	20	272	1	13	260
呼和浩特	0	0	0	0	0	0
沈阳	0	0	0	0	0	0
长春	0	0	0	0	0	0
哈尔滨	0	0	0	0	0	0
南京	0	0	0	0	0	0
杭州	0	0	0	0	0	0
合肥	1	30000	162	1	30000	162
福州	0	0	0	0	0	0
南昌	1	1600	50	0	0	0
济南	0	0	0	0	0	0
郑州	0	0	0	0	0	0
武汉	1	4500	90	0	0	0
长沙	0	0	0	0	0	0
广州	0	0	0	0	0	0
南宁	0	0	0	0	0	0
海口	0	0	0	0	0	0
成都	0	0	0	0	0	0
贵阳	1	1000	100	0	0	0
昆明	1	3600	12	0	0	0
拉萨	0	0	0	0	0	0
西安	1	20000	50	0	0	0
兰州	0	0	0	0	0	0
西宁	0	0	0	0	0	0
银川	0	0	0	0	0	0
乌鲁木齐	1	4000	12	0	0	0

省会城市科协科技传媒

科技期刊						主办科技报纸	
# 科普期刊			# 技术期刊			种类（种）	年发行总数（千份）
种类（种）	年发行总数（册）	发表论文（篇）	种类（种）	年发行总数（册）	发表论文（篇）		
4	**9207**	**86**	**2**	**24500**	**140**	**4**	**248**
0	0	0	0	0	0	1	24
0	0	0	0	0	0	0	0
0	0	0	0	0	0	1	24
0	0	0	0	0	0	0	0
0	0	0	0	0	0	0	0
0	0	0	0	0	0	0	0
4	9207	86	2	24500	140	3	224
0	0	0	0	0	0	0	0
1	7	12	0	0	0	0	0
0	0	0	0	0	0	0	0
0	0	0	0	0	0	0	0
0	0	0	0	0	0	0	0
0	0	0	0	0	0	0	0
0	0	0	0	0	0	0	0
0	0	0	0	0	0	0	0
0	0	0	0	0	0	0	0
0	0	0	0	0	0	1	180
1	1600	50	0	0	0	1	20
0	0	0	0	0	0	0	0
0	0	0	0	0	0	0	0
0	0	0	1	4500	90	0	0
0	0	0	0	0	0	0	0
0	0	0	0	0	0	0	0
0	0	0	0	0	0	0	0
0	0	0	0	0	0	0	0
0	0	0	0	0	0	0	0
0	0	0	0	0	0	0	0
1	3600	12	0	0	0	0	0
0	0	0	0	0	0	0	0
0	0	0	1	20000	50	1	24
0	0	0	0	0	0	0	0
0	0	0	0	0	0	0	0
0	0	0	0	0	0	0	0
1	4000	12	0	0	0	0	0

8—5 续表

城市	编著科技图书				编辑论文集		
	种类	年发行总数	#科普图书		种类	年发行总数	发表论文
			种类（种）	年发行总数（册）			
	（种）	（册）			（种）	（册）	（篇）
合计	**45**	**150900**	**38**	**132000**	**55**	**34200**	**2634**
计划单列市小计	16	43000	16	43000	17	8200	355
宁波	12	33000	12	33000	0	0	0
厦门	1	3000	1	3000	4	2000	186
深圳	0	0	0	0	0	0	0
青岛	3	7000	3	7000	12	5000	60
大连	0	0	0	0	1	1200	109
省会城市小计	29	107900	22	89000	38	26000	2279
石家庄	0	0	0	0	0	0	0
太原	0	0	0	0	2	2000	300
呼和浩特	0	0	0	0	0	0	0
沈阳	3	900	0	0	0	0	0
长春	10	10000	10	10000	1	200	300
哈尔滨	0	0	0	0	5	400	200
南京	0	0	0	0	12	9000	220
杭州	1	15000	1	15000	0	0	0
合肥	0	0	0	0	0	0	0
福州	2	3000	2	3000	2	1000	198
南昌	0	0	0	0	0	0	0
济南	0	0	0	0	0	0	0
郑州	0	0	0	0	0	0	0
武汉	0	0	0	0	2	1400	100
长沙	0	0	0	0	1	500	31
广州	0	0	0	0	0	0	0
南宁	0	0	0	0	1	200	117
海口	0	0	0	0	0	0	0
成都	0	0	0	0	1	1500	554
贵阳	0	0	0	0	1	5000	100
昆明	8	58000	8	58000	4	3800	61
拉萨	3	9000	1	3000	0	0	0
西安	0	0	0	0	0	0	0
兰州	0	0	0	0	0	0	0
西宁	2	12000	0	0	0	0	0
银川	0	0	0	0	0	0	0
乌鲁木齐	0	0	0	0	6	1000	98

制作科技录音录像带		制作科技光盘		摄制科技电影		制作科技广播、电视节目	
种类（种）	年发行总数（盒）	种类（种）	年发行总数（张）	种类（本/部）	年发行总数（拷贝）	种类（套）	年累计播放时间（小时）
10	**5050**	**16**	**14850**	**0**	**0**	**40**	**81**
0	0	0	0	0	0	1	67
0	0	0	0	0	0	0	0
0	0	0	0	0	0	1	67
0	0	0	0	0	0	0	0
0	0	0	0	0	0	0	0
0	0	0	0	0	0	0	0
10	5050	16	14850	0	0	39	14
0	0	0	0	0	0	0	0
0	0	2	300	0	0	0	0
0	0	0	0	0	0	0	0
0	0	1	550	0	0	0	0
0	0	0	0	0	0	0	0
0	0	10	10000	0	0	0	0
0	0	0	0	0	0	0	0
3	30	0	0	0	0	0	0
0	0	0	0	0	0	0	0
0	0	0	0	0	0	0	0
0	0	0	0	0	0	0	0
0	0	0	0	0	0	0	0
0	0	0	0	0	0	0	0
0	0	0	0	0	0	0	0
0	0	0	0	0	0	1	3
0	0	0	0	0	0	0	0
0	0	0	0	0	0	0	0
0	0	0	0	0	0	0	0
0	0	0	0	0	0	0	0
0	0	0	0	0	0	0	0
0	0	3	4000	0	0	38	11
0	0	0	0	0	0	0	0
0	0	0	0	0	0	0	0
0	0	0	0	0	0	0	0
0	0	0	0	0	0	0	0
0	0	0	0	0	0	0	0
7	5020	0	0	0	0	0	0

8－6 各地区地级科协科技传媒

地区	编著科技图书 种类（种）	编著科技图书 年发行总数（册）	制作科技录音录像带 种类（种）	制作科技录音录像带 年发行总数（盒）	制作科技光盘 种类（种）	制作科技光盘 年发行总数（张）
合计	**178**	**1635030**	**58**	**19400**	**259**	**64894**
北京	8	45400	0	0	2	12000
天津	0	0	0	0	0	0
河北	2	4000	0	0	0	0
山西	7	69200	2	1030	2	1050
内蒙古	4	43000	0	0	7	1162
辽宁	21	72600	6	50	5	2068
吉林	3	98000	0	0	6	50
黑龙江	0	0	0	0	0	0
上海	9	220000	0	0	4	576
江苏	4	47300	0	0	4	16000
浙江	11	80000	0	0	2	23
安徽	2	80300	0	0	0	0
福建	9	34100	0	0	0	0
江西	6	6180	0	0	0	0
山东	8	113200	22	2220	129	3516
河南	2	8000	2	100	3	265
湖北	8	56800	3	300	1	4000
湖南	6	10800	8	100	28	12053
广东	13	152000	0	0	9	1001
广西	0	0	0	0	0	0
海南	0	0	0	0	0	0
重庆	5	266100	0	0	2	3000
四川	2	1350	0	0	1	400
贵州	3	35500	3	300	0	0
云南	7	10800	0	0	1	1000
西藏	6	35600	0	0	0	0
陕西	16	60000	2	300	27	1000
甘肃	11	63300	10	15000	26	5730
青海	3	5000	0	0	0	0
宁夏	1	4000	0	0	0	0
新疆	1	12500	0	0	0	0

8—7 各地区县级科协科技传媒

地区	编著科技图书		制作科技录音录像带		制作科技光盘	
	种类（种）	年发行总数（册）	种类（种）	年发行总数（盒）	种类（种）	年发行总数（张）
合计	**422**	**2586961**	**456**	**48147**	**841**	**97231**
北京	0	0	0	0	0	0
天津	0	0	0	0	0	0
河北	5	9300	18	1256	5	940
山西	7	26700	9	237	44	1590
内蒙古	38	146215	54	16415	89	1895
辽宁	12	26330	0	0	163	11850
吉林	2	3523	10	100	21	1940
黑龙江	36	607863	44	11826	48	3113
上海	1	5000	0	0	0	0
江苏	17	64500	13	1120	6	766
浙江	50	258500	4	1050	12	18270
安徽	3	6000	1	20	17	2712
福建	14	71900	0	0	0	0
江西	6	18000	0	0	0	0
山东	20	169400	136	8721	168	15354
河南	30	114620	26	1443	14	1586
湖北	5	96500	7	35	21	795
湖南	61	169900	36	1262	76	24585
广东	22	479950	1	500	17	3002
广西	3	6000	14	1104	6	714
海南	1	5000	0	0	0	0
重庆	1	6000	12	1500	25	2800
四川	1	10000	0	0	2	240
贵州	8	12430	4	40	46	179
云南	19	93200	0	0	0	0
西藏	0	0	0	0	0	0
陕西	25	81000	34	884	33	2716
甘肃	11	54130	28	551	19	444
青海	5	12200	0	0	1	140
宁夏	14	15800	5	83	8	1600
新疆	5	17000	0	0	0	0

8—8 各地区省级

地区	主办					
	种类（种）	年发行总数（册）	发表论文（篇）	# 学术期刊 种类（种）	# 学术期刊 年发行总数（册）	# 学术期刊 发表论文（篇）
合计	**1190**	**27867772**	**159871**	**686**	**8906086**	**120608**
北京	40	1379300	3960	23	603300	3229
天津	35	422830	2567	20	136530	1359
河北	31	858515	9036	20	295412	8334
山西	61	485600	12270	43	379300	9569
内蒙古	13	137900	1277	5	43400	472
辽宁	3	76000	630	3	76000	630
吉林	18	85560	1765	13	59160	1423
黑龙江	20	469000	4936	12	149000	3416
上海	77	4729964	7603	48	1233964	4268
江苏	35	774300	4532	20	334800	2798
浙江	49	1684535	11262	28	204300	8727
安徽	44	1564000	6313	34	396600	5057
福建	57	764915	7566	44	404810	6270
江西	35	964600	5553	22	144200	4505
山东	41	691812	12127	24	475409	3813
河南	17	313864	1638	15	238864	1638
湖北	37	551200	2922	17	226100	1589
湖南	199	4438450	34713	67	1115270	32960
广东	70	2301542	5582	43	469585	4031
广西	38	1850704	2648	21	197204	1254
海南	7	55405	1382	5	52805	1382
重庆	51	425600	2588	32	281805	1559
四川	46	1350400	4301	36	647500	4084
贵州	18	132940	1391	7	49040	708
云南	41	380980	3833	22	160100	2547
西藏	10	128380	354	9	127400	354
陕西	49	551120	3943	23	182120	2441
甘肃	18	97208	1364	14	78808	828
青海	0	0	0	0	0	0
宁夏	15	67648	1103	8	46400	807
新疆	15	133500	712	8	96900	556

学会科技传媒

科技期刊						主办科技报纸	
# 科普期刊			# 技术期刊				
种 类（种）	年发行总数（册）	发表论文（篇）	种 类（种）	年发行总数（册）	发表论文（篇）	种 类（种）	年发行总数（千份）
138	**12827499**	**7308**	**326**	**4736334**	**27689**	**51**	**64361**
5	167000	28	10	564000	390	2	7770
3	181000	300	9	95300	860	1	8
5	489503	0	6	73600	632	1	5
9	66300	1925	9	40000	488	8	3387
2	7000	130	3	52000	310	0	0
0	0	0	0	0	0	2	1000
1	4800	46	4	21600	296	3	66
1	60000	0	6	236000	1520	1	120
10	2439800	1905	19	1056200	1426	4	8305
3	61500	266	9	271000	1295	3	7
11	535300	50	5	70000	1926	2	6980
4	1114000	793	6	35400	463	3	9024
5	143000	185	6	85705	1092	2	2500
2	636000	80	11	184400	968	2	110
8	150403	0	9	64500	7709	1	2400
1	60000	0	0	0	0	1	10
10	193600	122	9	126300	1161	1	42
18	2849380	288	113	471800	888	1	1
8	1637660	213	16	189797	1288	1	20
3	1509000	160	10	135800	1114	2	6012
2	2600	0	0	0	0	0	0
8	72203	350	6	8604	14	0	0
4	268800	217	6	434100	0	1	1200
2	46000	40	9	37900	643	1	12000
4	87550	10	12	106100	1056	1	350
0	0	0	0	0	0	1	1
6	34600	180	18	319300	1182	4	3033
0	0	0	4	9580	536	0	0
0	0	0	0	0	0	0	0
2	5500	20	5	15748	276	2	10
1	5000	0	6	31600	156	0	0

8—8 续表

地 区	编著科技图书				编辑论文集		
	种 类（种）	年发行总数（册）	#科普图书 种 类（种）	#科普图书 年发行总数（册）	种 类（种）	年发行总数（册）	发表论文（篇）
合 计	**779**	**3406607**	**385**	**1675300**	**1472**	**684783**	**79366**
北 京	56	230800	18	34300	114	49060	8918
天 津	5	9800	1	2000	33	10179	1198
河 北	3	106000	1	5000	22	6110	794
山 西	51	102000	25	41800	24	11564	1126
内蒙古	0	0	0	0	9	4510	410
辽 宁	0	0	0	0	31	5530	0
吉 林	5	6500	0	0	37	10485	3917
黑龙江	7	6000	2	1000	15	8460	954
上 海	63	301700	33	207200	141	101729	2760
江 苏	42	415100	8	22300	75	34941	5799
浙 江	178	306800	140	249000	146	71260	11391
安 徽	11	23700	2	4000	62	26605	2613
福 建	40	356450	17	53000	96	55645	4252
江 西	16	28600	13	21600	39	10160	3129
山 东	37	92500	16	47500	76	35930	3579
河 南	15	316000	4	303000	9	5450	620
湖 北	20	243202	13	225000	39	15669	1420
湖 南	41	76895	14	37500	115	36630	8610
广 东	49	227400	24	138700	76	35839	5352
广 西	25	155600	13	16000	46	18280	749
海 南	1	60	0	0	4	1263	64
重 庆	31	55800	4	31100	29	10940	1978
四 川	14	55700	0	0	75	46432	3878
贵 州	14	36200	14	36200	18	5560	595
云 南	18	179100	9	161100	52	19040	2124
西 藏	0	0	0	0	1	800	50
陕 西	19	16700	4	6000	57	22062	1910
甘 肃	12	40000	8	30000	10	10300	142
青 海	0	0	0	0	0	0	0
宁 夏	5	17500	2	2000	9	6550	701
新 疆	1	500	0	0	12	7800	333

制作科技录音录像带		制作科技光盘		摄制科技电影		制作科技广播、电视节目	
种类（种）	年发行总数（盒）	种类（种）	年发行总数（张）	种类（本/部）	年发行总数（拷贝）	种类（套）	年累计播放时间（小时）
134	**29937**	**231**	**118998**	**24**	**351**	**297**	**670**
4	20025	13	62807	0	0	1	10
1	30	3	302	0	0	13	40
2	66	9	1324	0	0	11	14
7	265	6	142	0	0	73	73
4	102	2	16	0	0	0	0
0	0	12	80	8	200	0	0
5	800	20	1550	0	0	0	0
2	100	0	0	0	0	17	204
46	145	10	3706	0	0	1	1
0	0	7	1400	0	0	9	12
0	0	5	1212	0	0	62	68
0	0	13	1120	0	0	11	13
0	0	0	0	0	0	0	0
1	80	4	810	0	0	23	30
11	110	13	12035	1	1	11	14
4	270	3	300	0	0	4	4
1	2	2	55	0	0	3	3
15	290	9	158	0	0	0	0
0	0	8	9602	0	0	2	70
0	0	16	5848	0	0	13	22
0	0	1	1	0	0	0	0
15	569	37	2013	0	0	6	6
0	0	0	0	0	0	0	0
0	0	22	290	15	150	0	0
0	0	2	1400	0	0	3	23
1	365	0	0	0	0	0	0
7	6024	8	621	0	0	27	56
7	672	0	0	0	0	1	1
0	0	0	0	0	0	0	0
1	22	6	12206	0	0	4	4
0	0	0	0	0	0	2	2

九、青少年科技教育专题

简要说明

一、本篇专题反映省级科协、地级科协、县级科协从事青少年科技教育的机构、人员以及开展活动的情况。

二、本篇统计资料由各级科协青少年科技工作部、青少年科技活动中心负责收集，中国科协青少年科技中心负责汇总。填报范围仅限于本级科协的机构、人员、经费、设施和活动情况，所属学会的数据未统计在内。

主要指标解释

青少年科技教育机构　指本单位主要从事青少年科技教育管理和活动的内设机构和直属单位，例如青少年部、青少年活动中心等。

从业人员　指在本单位工作、并领取工资或劳动报酬的在编和连续工作一年以上的非在编人员。

本级财政拨款补助　指从本级财政部门获得的各类用于青少年科技活动的经费。

上级科协拨款　指上级科协拨付的用于开展青少年科技教育的项目经费。

青少年科技教育机构办公面积　指青少年科技教育机构的办公使用面积。

青少年科技教育活动场馆　指本单位投资建设以及拥有使用权或参与管理的、主要用于青少年科技教育的场馆和设施。

青少年科技教育基地　指本单位单独或联合有关部门共同挂牌（命名）的、用于开展青少年科技教育活动的基地。

举办科技月、周、日活动　指本单位举办或参与举办的集中一月、一周、一天的科普宣传或科技教育活动。科普月、科普周、科普日均按次进行统计。

9—1 省级科协、地级科协、县级科协青少年科技教育情况汇总

指　　标	合　计		省级科协		地级科协		县级科协	
	2002	2003	2002	2003	2002	2003	2002	2003
机构与人员								
青少年科技教育机构(个)	1144	1471	32	30	220	328	892	1113
从业人员(人)	4461	8484	306	330	1402	2463	2753	5691
#行政编制	1081	1892	23	7	283	443	775	1442
事业编制	3095	6286	281	317	1009	1905	1805	4064
#具有大专以上学历的人员	3683	6887	267	246	1194	1992	2222	4649
#高级职称	598	1065	40	36	148	340	410	689
中级职称	1948	4096	124	104	551	1070	1273	2922
初级职称	798	1638	45	68	192	444	561	1126
经费筹集和使用(万元)								
青少年科技教育经费筹集总额	3623	5588	1303	1557	646	2513	1674	1517
#本级财政补助收入	2527	3519	995	996	541	1539	991	984
上级科协拨款	398	565	179	210	100	127	119	228
捐赠和资助	402	422	107	96	36	183	260	143
青少年科技教育经费使用总额	2952	5030	1144	1435	711	2213	1097	1382
#对社会资助和捐赠	119	236	21	96	54	81	44	59
青少年科技教育基金本金数额	527	789	355	546	146	210	26	33
基础设施								
青少年科技教育机构办公面积(平方米)	100383	192534	4304	15484	48849	56437	47230	120613
青少年科技教育活动场馆(个)	1340	4802	21	27	108	3813	1211	962
场馆面积(平方米)	375831	501984	31400	21471	97733	231215	246698	249298
青少年科技教育基地(个)	2591	6476	477	555	757	1070	1357	4851
示范活动								
举办科技竞赛(次)	8793	5123	153	149	3107	1512	5533	3462
#科技创新大赛	3240	1650	44	29	1279	441	1917	1180
科技竞赛参加人数(人次)	18042285	22117823	6536033	5061577	6073748	9045413	5432504	8010833
#科技创新大赛参赛人数	11009261	10354829	5445111	2884393	3503192	4542633	2060958	2927803
举办科普月、周、日活动(次)	9194	8621	291	363	1275	1498	7628	6760
参加人数(人次)	19396690	22622734	2537810	3671530	8780352	9201491	8078528	9749713
举办夏冬令营(次)	1703	1462	169	70	570	499	964	893
参加人数(人次)	1372075	1463435	66170	13572	77644	1264406	1228261	185457

9—1 续表

指　　标	合　计		省级科协		地级科协		县级科协	
	2002	2003	2002	2003	2002	2003	2002	2003
培训活动								
举办辅导员培训(次)	2047	2024	224	112	583	641	1240	1271
参加人数(人次)	201755	448490	30950	45898	72831	116075	97974	286517
举办管理人员培训(次)	808	762	83	37	111	177	614	548
参加人数(人次)	117745	29902	18267	1210	2384	7945	97094	20747
举办实用技术培训(次)	11030	17388	393	209	1283	2223	9354	14956
参加人数(人次)	1164676	3507355	60548	13062	242875	321841	861253	3172452
举办理论研讨(经验交流)(次)	1288	785	79	37	170	164	1039	584
参加人数(人次)	85230	50221	22679	12031	8844	10408	53707	27782
举办其他培训活动(次)	2417	8426	31	194	311	940	2075	7292
参加人数(人次)	790942	333212	103915	32575	91760	118943	595267	181694
宣传活动								
举办展览(次)	4389	8853	183	97	1260	2997	2946	5759
参加人数(人次)	8052901	21783854	1376800	1944321	2370793	10743351	4305308	9096182
举办讲座(次)	13250	8968	711	156	1116	1137	11423	7675
参加人数(人次)	2225029	2102043	399300	182320	474787	489460	1350942	1430263
播放广播电视节目(次)	8209	14777	405	213	804	1461	7000	13103
出版报刊(份)	2190984	10213882	508029	1541524	1315504	369122	367451	8303236
开展检查指导(次)	5833	8210	398	243	1234	1446	4201	6521
编印宣传资料(种)	54630	28798	194	180	20774	11242	33662	17376
发放份数(册)	11909128	23342366	2132407	770122	3386175	2994162	6390546	19578082

9—2 各省级科协

省份	青少年科技教育机构（个）	从业人员（人）	编制情况 #行政编制人员	编制情况 #事业编制人员	学历情况 #具有大专以上学历的人员	职称情况 #高级职称人员	职称情况 #中级职称人员	职称情况 #初级职称人员
合计	**32**	**306**	**23**	**281**	**267**	**40**	**124**	**45**
北京	—	—	—	—	—	—	—	—
天津	1	40	10	30	38	8	15	2
河北	1	7	—	7	6	—	4	1
山西	1	5	—	5	5	1	1	3
内蒙古	1	7	—	7	6	2	2	—
辽宁	1	5	—	5	4	—	—	1
吉林	1	9	—	9	9	—	3	2
黑龙江	—	—	—	—	—	—	—	—
上海	—	—	2	—	2	—	2	—
江苏	1	10	—	10	10	2	7	1
浙江	1	3	—	3	3	—	1	2
安徽	1	10	—	10	8	2	1	1
福建	1	15	—	15	11	3	5	4
江西	1	7	5	2	7	1	1	3
山东	1	2	—	2	1	1	—	—
河南	1	12	1	11	12	1	4	1
湖北	1	12	—	12	10	1	7	2
湖南	1	9	—	9	7	—	4	3
广东	1	7	—	7	6	—	1	—
广西	1	20	—	18	14	1	9	3
海南	2	8	2	0	8	2	4	—
重庆	—	—	—	—	—	—	—	—
四川	1	9	—	9	9	1	1	—
贵州	1	7	—	7	7	—	5	2
云南	1	31	—	31	29	4	23	4
西藏	—	—	—	—	—	—	—	—
陕西	6	18	—	18	18	6	12	—
甘肃	1	39	—	43	24	3	6	6
青海	—	—	—	—	—	—	—	—
宁夏	1	3	3	—	2	—	2	—
新疆	2	11	—	11	11	1	4	4

青少年科技教育情况

青少年科技教育经费筹集总额（元）	#本级财政补助收入	#上级科协拨款	#捐赠和资助	青少年科技教育经费使用总额（元）	#对社会资助和捐赠	青少年科技教育基金本金数额（元）
13034957	**9948000**	**1785400**	**1066128**	**11438374**	**208000**	**3550000**
—	—	—	—	—	—	—
750000	600000	—	—	730000	—	200000
150000	—	133000	—	150000	—	—
400000	100000	300000	—	400000	—	—
331000	331000	—	—	219000	—	—
180000	100000	80000	—	180000	—	—
355000	60000	295000	—	355000	—	—
—	—	—	—	—	—	—
300000	140000	—	160000	300000	—	—
1556000	776000	40000	—	—	—	1000000
200000	—	200000	—	200000	—	—
1480000	1480000	—	—	1480000	—	—
1700000	1700000	—	—	1400000	—	—
205000	32000	100000	73000	205000	—	—
30000	30000	—	—	23000	—	—
510000	510000	—	—	510000	—	—
85000	70000	15000	—	100000	—	—
513429	330000	—	—	511594	—	—
850000	850000	—	—	850000	—	2000000
440000	350000	90000	—	800000	—	—
120000	45000	5000	70000	120000	70000	—
—	—	—	—	—	—	—
756000	510000	230000	16000	770000	—	350000
124600	64000	45600	15000	124600	—	—
520000	520000	—	—	520000	—	—
138028	30000	26800	82128	129680	88000	—
300000	300000	—	—	300000	50000	—
1010000	810000	200000	—	1010000	—	—
—	—	—	—	—	—	—
30000	30000	—	—	30000	—	—
—	180000	25000	650000	20500	—	—

9—2 续表 1

省份	青少年科技教育机构办公面积（平方米）	青少年科技教育活动场馆		青少年科技教育基地（个）	举办科技竞赛（次）	
		个数（个）	场馆面积（平方米）			#科技创新大赛
合计	**4304**	**21**	**31400**	**477**	**153**	**44**
北京	—	—	—	—	—	—
天津	520	7	7000	15	48	18
河北	100	—	—	—	1	1
山西	30	1	480	0	2	1
内蒙古	225	—	—	10	2	1
辽宁	30	1	30	4	7	1
吉林	90	—	—	—	2	1
黑龙江	—	—	—	—	—	—
上海	—	—	—	110	4	1
江苏	550	—	—	52	10	1
浙江	58	1	750	25	6	1
安徽	120	—	—	8	8	1
福建	320	—	—	18	6	1
江西	36	1	200	1	2	1
山东	60	—	—	13	2	1
河南	300	1	1000	10	3	1
湖北	280	—	—	16	4	1
湖南	140	1	500	84	2	1
广东	200	—	—	24	8	1
广西	50	1	500	1	6	1
海南	20	1	500	11	2	1
重庆	—	—	—	—	—	—
四川	200	—	—	5	3	1
贵州	130	—	—	14	6	1
云南	600	1	3900	1	2	1
西藏	—	—	—	—	3	1
陕西	80	1	10000	38	6	1
甘肃	45	—	—	4	2	1
青海	—	—	—	—	—	—
宁夏	40	1	5990	2	2	1
新疆	80	3	550	11	4	1

科技竞赛参加人数（人次）		举办科普月、周、日活动		举办夏冬令营	
	#科技创新大赛参赛人数	次　数（次）	参加人数（人次）	次　数（次）	参加人数（人次）
6536033	**5445111**	**291**	**2537810**	**169**	**66170**
—	—	—	—	—	—
46000	8200	169	310000	73	8800
801017	801017	—	—	—	—
4000	450	—	—	—	—
80652	74280	2	32000	6	120
80000	70000	6	120000	5	1200
100000	10000	—	—	—	—
—	—	—	—	—	—
2560000	2500000	3	300000	15	50000
70000	2000	1	52000	17	1700
2800	350	2	7000	8	460
1300	200	2	9000	7	600
420000	400000	5	9000	1	130
5820	1800	4	235000	13	780
500000	359	18	410000	2	158
1015000	1000000	1	2000	1	20
5000	1200	1	50000	1	33
800	300	—	—	1	50
9800	1500	6	28000	—	—
510000	500000	3	500000	1	30
110000	500	30	150000	3	300
—	—	—	—	—	—
3500	1000	2	150000	3	570
19944	15000	2	63000	2	50
9000	500	1	3000	—	—
300	100	1	210	1	24
120000	155	5	600	3	500
1100	200	—	—	1	25
—	—	—	—	—	—
10000	6000	10	7000	1	20
50000	50000	17	100000	4	600

9—2 续表 2

省份	举办辅导员培训		举办管理人员培训		举办实用技术培训		举办理论研讨经验交流	
	次数（次）	参加人数（人次）	次数（次）	参加人数（人次）	次数（次）	参加人数（人次）	次数（次）	参加人数（人次）
合计	**224**	**30950**	**83**	**18267**	**393**	**60548**	**79**	**22679**
北京	—	—	—	—	—	—	—	—
天津	66	7600	26	1100	99	11000	18	880
河北	16	3000	—	—	—	—	1	20
山西	1	200	—	—	—	—	—	—
内蒙古	1	84	2	55	6	128	1	60
辽宁	18	3000	4	300	55	7500	2	400
吉林	1	70	—	—	—	—	—	—
黑龙江	—	—	—	—	—	—	—	—
上海	50	8500	28	16000	50	30000	35	20000
江苏	14	700	1	30	—	—	4	120
浙江	2	500	—	—	—	—	1	200
安徽	2	400	—	—	—	—	—	—
福建	6	2500	2	100	—	—	1	130
江西	2	160	3	80	121	8470	—	—
山东	3	300	3	140	—	—	1	70
河南	5	400	2	100	—	—	—	—
湖北	1	80	1	40	—	—	1	80
湖南	1	120	1	30	—	—	—	—
广东	15	1480	—	—	—	—	3	400
广西	1	300	1	35	—	—	—	—
海南	1	120	—	—	—	—	2	60
重庆	—	—	—	—	—	—	—	—
四川	5	560	3	87	—	—	3	87
贵州	5	426	—	—	—	—	1	22
云南	2	180	2	50	2	60	2	30
西藏	—	—	—	—	—	—	—	—
陕西	1	60	1	20	—	—	1	20
甘肃	—	—	—	—	10	390	—	—
青海	—	—	—	—	—	0	—	—
宁夏	—	—	—	—	50	3000	—	—
新疆	5	210	3	100	—	—	2	100

举办其他培训活动		举办展览		举办讲座		播放广播电视节目（次）	出版报刊（份）	开展检查指导（次）	编印宣传资料	
次数（次）	参加人数（人次）	次数（次）	参加人数（人次）	次数（次）	参加人数（人次）				种类（种）	发放份数（册）
31	**103915**	**183**	**1376800**	**711**	**399300**	**405**	**508029**	**398**	**194**	**2132407**
—	—	—	—	—	—	—	—	—	—	—
2	100	34	380000	110	7000	226	4000	50	13	13000
—	—	1	5000	35	30000	—	—	—	—	—
—	—	1	2000	5	3000	—	—	—	—	—
2	25	8	30000	6	2000	3	—	11	3	5300
—	—	5	10000	40	30000	6	20	8	—	2000
—	—	1	100000	8	1600	—	—	4	—	—
—	—	—	—	—	—	—	—	—	—	—
10	100000	12	250000	150	120000	82	500000	100	100	1500000
—	—	—	0	2	1400	6	5	4	—	—
—	—	1	10000	2	300	2	—	—	2	2000
—	—	2	9000	24	8000	3	—	—	8	2000
—	—	1	7000	6	1800	12	—	9	1	7
—	—	63	273000	74	14000	15	—	52	8	95000
2	80	21	48000	3	900	6	4	—	2	80000
—	—	—	—	3	7000	8	—	—	2	24000
4	3000	—	—	—	—	—	—	8	—	—
—	—	1	500	—	—	—	—	20	—	—
—	—	—	—	5	1800	21	2000	15	—	—
—	—	1	5000	11	15000	3	—	1	—	—
1	60	3	50000	10	15000	2	—	25	1	100000
—	—	—	—	—	—	—	—	0	—	—
2	125	4	75300	60	18500	7	2000	20	6	249000
1	25	—	—	71	63000	—	—	40	—	—
1	60	4	25000	5	600	3	—	10	2	7000
—	—	—	—	—	—	—	—	—	—	—
1	300	—	—	1	300		—	2	11	1100
—	—	—	—	2	600	—	—	6	—	—
—	—	—	—	—	—	—	—	—	—	—
—	—	4	75000	8	2500	—	—	4	20	30000
5	140	16	22000	70	55000	—	—	9	15	22000

9—3 各地区地级科协

地区	青少年科技教育机构（个）	从业人员（人）	编制情况 #行政编制人员	编制情况 #事业编制人员	学历情况 #具有大专以上学历的人员	职称情况 #高级职称人员	职称情况 #中级职称人员	职称情况 #初级职称人员
合计	**220**	**1402**	**283**	**1009**	**1194**	**148**	**551**	**192**
北京	12	127	11	118	102	15	57	30
天津	—	23	10	13	23	3	4	—
河北	12	37	18	21	34	6	9	7
山西	3	9	3	6	6	—	6	—
内蒙古	14	27	14	13	20	2	3	3
辽宁	7	240	22	146	240	10	37	9
吉林	9	23	2	21	16	3	11	8
黑龙江	2	37	—	37	20	—	13	9
上海	—	—	—	—	—	—	—	—
江苏	1	2	—	2	2	—	1	1
浙江	0	0	—	—	—	—	—	—
安徽	13	29	17	12	22	3	5	7
福建	—	—	—	—	—	—	—	—
江西	19	25	7	17	23	3	8	—
山东	—	—	—	—	—	—	—	—
河南	10	32	7	24	27	4	9	10
湖北	5	36	14	14	36	10	14	6
湖南	14	20	6	14	16	—	8	6
广东	17	130	60	37	120	27	42	11
广西	6	19	17	2	13	—	7	4
海南	—	—	—	—	—	—	—	—
重庆	—	—	—	—	—	—	—	—
四川	21	47	42	5	46	5	3	—
贵州	9	22	11	11	17	—	4	—
云南	19	93	17	76	65	—	19	19
西藏	—	—	—	—	—	—	—	—
陕西	20	400	—	400	341	56	285	59
甘肃	—	—	—	—	—	—	—	—
青海	4	15	1	12	—	—	4	3
宁夏	3	9	4	8	5	1	2	—
新疆	—	—	—	—	—	—	—	—

青少年科技教育情况

青少年科技教育经费筹集总额（元）	#本级财政补助收入	#上级科协拨款	#捐赠和资助	青少年科技教育经费使用总额（元）	#对社会资助和捐赠	青少年科技教育基金本金数额（元）
6457817	**5413649**	**1003000**	**357540**	**7107580**	**541100**	**1457500**
975000	1110000	428000	—	2150000	358000	365000
160000	160000	—	—	140000	—	30000
323278	201000	15000	55000	308278	10000	35000
193800	—	—	10000	193800	32100	—
100000	94950	—	3000	100000	—	601500
69000	39000	46500	—	76500	—	—
120000	110000	10000	—	120000	—	—
119000	119000	—	—	119000	—	—
—	—	—	—	—	—	—
650000	650000	—	—	650000	—	—
413875	413875	—	—	413875	—	—
226000	213000	—	8000	221000	3000	—
—	—	—	—	—	—	—
88000	55500	—	21500	88000	5000	—
—	—	—	—	—	—	—
281000	279000	—	—	225603	2000	—
83000	68000	—	15000	85000	15000	5000
500000	180000	270000	50000	460000	40000	—
859844	807344	—	52500	550722	—	—
123500	86000	20000	18500	128309	56000	421000
3000	3000	—	—	—	—	—
—	—	—	—	—	—	—
415000	324000	—	91000	415000	—	—
97000	85000	2000	1000	95000	20000	—
510020	377980	100000	32040	417793	—	—
—	—	—	—	—	—	—
100000	—	100000	—	100000	—	—
—	—	—	—	—	—	—
21000	17000	5000	—	23200	—	—
26500	20000	6500	—	26500	—	—
—	—	—	—	—	—	—

9—3 续表 1

地　区	青少年科技教育机构办公面积（平方米）	青少年科技教育活动场馆		青少年科技教育基地（个）	举　办科技竞赛（次）	
		个　数（个）	场馆面积（平方米）			#科　技创新大赛
合　计	**48849**	**108**	**97733**	**757**	**3107**	**1279**
北　京	1005	6	10550	66	210	21
天　津	420	6	5000	14	38	17
河　北	333	3	2230	59	51	12
山　西	165	4	650	11	15	11
内蒙古	835	10	8900	28	27	12
辽　宁	540	5	2100	12	12	12
吉　林	400	2	1500	10	28	9
黑龙江	190	3	1670	4	17	2
上　海	—	—	—	—	—	—
江　苏	—	—	—	—	2129	985
浙　江	—	—	—	35	20	11
安　徽	422	3	4300	39	39	13
福　建	—	—	—	—	—	—
江　西	143	7	13500	4	46	16
山　东	—	—	—	—	—	—
河　南	207	2	8300	30	33	17
湖　北	132	4	2860	20	13	3
湖　南	400	4	5400	104	56	28
广　东	380	6	6900	36	76	22
广　西	1859	7	5200	32	34	11
海　南	—	—	—	—	1	1
重　庆	—	—	—	—	—	—
四　川	580	23	2500	45	121	21
贵　州	2017	2	2200	10	39	10
云　南	1290	4	6507	19	55	27
西　藏	—	—	—	—	—	—
陕　西	27000	3	6000	171	24	10
甘　肃	—	—	—	—	—	—
青　海	10521	4	1466	7	17	5
宁　夏	10	—	—	1	6	3
新　疆	—	—	—	—	—	—

科技竞赛参加人数（人次）	#科技创新大赛参赛人数	举办科普月、周、日活动 次数（次）	参加人数（人次）	举办夏冬令营 次数（次）	参加人数（人次）
6073748	**3503192**	**1275**	**8780352**	**570**	**77644**
1187900	241146	131	1092200	17	3740
26000	6600	168	170000	69	6800
729887	370930	57	493300	5	174
235840	129560	10	5200	8	680
138724	40441	42	92580	11	1100
350000	350000	38	100000	7	928
100000	3500	18	5600	8	6000
27600	450	16	10500	4	240
—	—	—	—	—	—
362400	248000	45	200000	67	11200
17196	14219	11	487756	—	—
27730	6770	39	57420	27	1123
—	—	—	—	—	—
125080	16680	17	49665	5	210
—	—	—	—	—	—
200488	155638	43	167060	20	15145
112040	39920	15	84000	3	131
1100000	1000000	30	160000	20	8200
120282	47845	85	180420	19	5580
536103	477080	15	3268500	16	1397
300	300	1	1800	—	—
—	—	—	—	—	—
425000	304000	88	1275000	57	4120
27500	11150	34	436600	15	1495
60270	30030	27	103481	150	4703
—	—	—	—	—	—
150000	450	276	190400	25	3625
—	—	—	—	—	—
12500	8120	36	140600	15	992
908	363	33	8270	2	61
—	—	—	—	—	—

9—3 续表 2

地　区	举办辅导员培训		举办管理人员培训		举办实用技术培训		举办理论研讨经验交流	
	次　数（次）	参加人数（人次）	次　数（次）	参加人数（人次）	次　数（次）	参加人数（人次）	次　数（次）	参加人数（人次）
合　计	**583**	**72831**	**111**	**2384**	**1283**	**242875**	**170**	**8844**
北　京	46	3189	6	40	31	2070	52	1552
天　津	48	2600	6	132	74	6800	8	680
河　北	15	3157	8	164	—	—	—	—
山　西	10	1000	1	20	—	—	2	70
内蒙古	11	1340	4	104	26	3413	17	1411
辽　宁	22	1800	2	60	90	12000	—	—
吉　林	12	1500	—	—	7	900	5	1000
黑龙江	2	80	—	—	—	—	—	—
上　海	—	—	—	—	—	—	—	—
江　苏	12	600	—	—	—	—	—	—
浙　江	—	—	—	—	—	—	—	—
安　徽	16	1356	1	40	1	50	7	285
福　建	—	0	—	—	—	—	—	—
江　西	16	510	1	25	2	186	2	240
山　东	—	—	—	—	—	—	—	—
河　南	39	7584	13	444	6	1080	11	305
湖　北	10	1200	3	53	11	530	3	545
湖　南	25	1300	15	420	0	0	15	580
广　东	27	36495	9	105	10	2100	13	580
广　西	17	1230	3	133	129	42220	4	156
海　南	—	—	—	—	70	11000	—	—
重　庆	—	—	—	—	—	—	—	—
四　川	189	3880	17	205	6	179	9	151
贵　州	5	488	1	10	23	2297	4	105
云　南	26	874	3	26	79	5870	5	198
西　藏	—	—	—	—	—	—	—	—
陕　西	25	2394	11	136	38	5010	12	956
甘　肃	—	—	—	—	—	—	—	—
青　海	7	168	6	247	675	146890	1	30
宁　夏	3	86	1	20	5	280	—	—
新　疆	—	—	—	—	—	—	—	—

举办其他培训活动		举办展览		举办讲座		播放广播电视节目（次）	出版报刊（份）	开展检查指导（次）	编印宣传资料	
次数（次）	参加人数（人次）	次数（次）	参加人数（人次）	次数（次）	参加人数（人次）				种类（种）	发放份数（册）
311	**91760**	**1260**	**2370793**	**1116**	**474787**	**804**	**1315504**	**1234**	**20774**	**3386175**
131	27906	112	222700	342	102760	71	58	34	20033	153250
2	100	32	8600	106	5200	216	0	30	10	10600
3	243	36	174400	61	23090	14	3	53	16	13500
—	—	10	40200	11	10500	—	—	2	—	—
29	15751	67	121720	73	30690	43	10	43	15	67000
6	520	92	270000	36	30000	9	364000	64	180	225000
—	—	10	100000	4	6500	—	—	—	—	—
—	—	7	10700	2	170	—	—	12	2	600
—	—	—	—	—	—	—	—	—	—	—
—	—	—	—	52	48400	—	—	—	—	—
—	—	157	120000	0	0	—	—	—	100	210000
4	135	49	59900	52	24520	14	1	23	27	32700
—	—	—	—	—	—	—	—	—	—	—
3	100	3	18400	23	5800	56	3	4	43	9600
—	—	—	—	—	—	—	—	—	—	—
3	530	34	119730	13	3320	26	4	80	20	31900
2	320	6	12800	12	4400	2	—	14	5	64400
—	—	53	300000	24	30000	—	8	156	—	20000
25	28388	49	223800	45	35180	123	2000	45	21	448125
7	6726	6	61700	46	39810	24	2	40	21	40600
10	1100	8	2500	—	—	—	—	—	—	—
—	—	—	—	—	—	—	—	—	—	—
32	453	320	3100	63	14200	48	947000	430	53	1275000
3	350	36	124730	28	33900	8	1	40	52	250000
8	993	53	166543	59	11522	56	2402	103	97	224320
—	—	—	—	—	—	—	—	—	—	—
20	6150	39	85090	53	9286	6	11	25	29	250000
0	0	—	—	—	—	—	—	—	—	—
23	1995	75	110180	10	5459	88	1	26	22	53280
—	—	6	14000	—	80	—	—	10	28	6300
—	—	—	—	—	—	—	—	—	—	—

9—4　各地区县级科协

地　区	青少年科技教育机构（个）	从业人员（人）	编制情况		学历情况	职称情况		
			#行政编制人员	#事业编制人员	#具有大专以上学历的人员	#高级职称人员	#中级职称人员	#初级职称人员
合　计	**892**	**2753**	**775**	**1805**	**2222**	**410**	**1273**	**561**
北　京	—	—	—	—	—	—	—	—
天　津	—	—	—	—	—	—	—	—
河　北	—	—	—	—	—	—	—	—
山　西	—	—	—	—	—	—	—	—
内蒙古	98	179	57	122	122	13	45	32
辽　宁	16	217	23	212	227	30	155	50
吉　林	40	91	6	85	76	7	51	33
黑龙江	—	—	—	—	—	—	—	—
上　海	—	—	—	—	—	—	—	—
江　苏	—	—	—	—	—	—	—	—
浙　江	20	40	15	25	25	5	20	10
安　徽	29	53	33	17	44	4	23	2
福　建	—	—	—	—	—	—	—	—
江　西	64	175	62	113	134	18	81	21
山　东	—	—	—	—	—	—	—	—
河　南	48	105	36	64	79	8	36	15
湖　北	39	285	46	237	237	29	120	105
湖　南	24	72	14	58	62	12	44	8
广　东	69	559	99	284	516	123	304	96
广　西	29	83	20	62	47	12	25	29
海　南	11	94	15	79	73	16	31	29
重　庆	—	—	—	—	—	—	—	—
四　川	175	303	250	53	232	78	152	—
贵　州	68	84	56	28	62	2	37	4
云　南	45	174	32	142	140	15	53	24
西　藏	—	—	—	—	—	—	—	—
陕　西	107	214	—	214	124	36	88	100
甘　肃	—	—	—	—	—	—	—	—
青　海	—	—	—	—	—	—	—	—
宁　夏	10	25	11	10	22	2	8	3
新　疆	—	—	—	—	—	—	—	—

青少年科技教育情况

青少年科技教育经费筹集总额（元）	＃本级财政补助收入	＃上级科协拨款	＃捐赠和资助	青少年科技教育经费使用总额（元）	＃对社会资助和捐赠	青少年科技教育基金本金数额（元）
16738524	**9907208**	**1188754**	**2600211**	**10970702**	**442120**	**259800**
—	—	—	—	—	—	—
—	—	—	—	—	—	—
—	—	—	—	—	—	—
42000	37000	—	5000	29500	7000	4000
311775	165200	27800	117075	302675	118175	0
95600	77600	15000	3000	60600	—	—
51000	29000	16000	6000	51000	—	—
—	1200	—	—	1200	—	—
—	—	—	—	—	—	—
310000	310000	—	—	310000	—	—
590000	500000	90000	—	590000	—	—
349600	242600	28000	8000	362030	8800	—
—	—	—	—	—	—	—
223652	121300	3000	142900	191500	25000	30000
—	—	—	—	—	—	—
5784300	3429500	57000	105501	2045800	93300	50000
2586000	393000	28000	1921000	663900	83000	5000
228800	207600	20000	40000	220600	14000	—
3667950	2496000	409545	147405	3645450	82500	—
117800	84850	17400	13650	117800	10000	170800
66000	66000	—	—	64600	—	—
—	—	—	—	—	—	—
580000	510000	—	70000	580000	—	—
220000	210000	4100	5900	220000	—	—
1268047	854258	404509	9280	1268047	—	—
—	—	—	—	—	—	—
110000	110000	—	—	110000	—	—
—	—	—	—	—	—	—
—	—	—	—	—	—	—
136000	62100	68400	5500	136000	300	—
—	—	—	—	—	—	—

9—4 续表 1

地　区	青少年科技教育机构办公面积（平方米）	青少年科技教育活动场馆		青少年科技教育基地（个）	举　办科技竞赛（次）	
		个　数（个）	场馆面积（平方米）			#科　技创新大赛
合　计	**47230**	**1211**	**246698**	**1357**	**5533**	**1917**
北　京	—	—	—	—	—	—
天　津	—	—	—	—	—	—
河　北	—	—	—	—	—	—
山　西	769	28	850	18	36	22
内蒙古	4589	28	16646	96	180	63
辽　宁	1110	24	900	29	40	34
吉　林	13230	21	4100	27	90	28
黑龙江	—	—	—	—	9	1
上　海	—	—	—	—	—	—
江　苏	—	—	—	—	962	842
浙　江	710	190	23316	96	188	71
安　徽	734	10	1020	51	71	28
福　建	—	—	—	—	—	—
江　西	889	20	17899	40	120	45
山　东	—	—	—	—	—	—
河　南	1748	205	23258	70	149	60
湖　北	1460	34	15226	62	86	41
湖　南	986	25	22500	72	160	131
广　东	1695	80	34580	105	440	93
广　西	1521	16	3298	57	59	32
海　南	180	3	1230	14	40	15
重　庆	—	—	—	—	—	—
四　川	3600	270	32600	325	275	193
贵　州	709	1	50	16	2390	60
云　南	6970	4	12436	19	71	35
西　藏	—	—	—	—	—	—
陕　西	6000	250	34500	259	135	107
甘　肃	—	—	—	—	—	—
青　海	—	—	—	—	1	1
宁　夏	330	2	2289	1	31	15
新　疆	—	—	—	—	—	—

科技竞赛参加人数（人次）	＃科技创新大赛参赛人数	举办科普月、周、日活动 次数（次）	举办科普月、周、日活动 参加人数（人次）	举办夏冬令营 次数（次）	举办夏冬令营 参加人数（人次）
5432504	**2060958**	**7628**	**8078528**	**964**	**1228261**
—	—	—	—	—	—
—	—	—	—	—	—
—	—	—	—	—	—
226241	104429	34	136750	3	837
90259	33625	441	485458	106	41029
120000	45000	50	240000	22	4200
40000	5000	71	64000	25	1280
3000	1500	—	—	—	—
—	—	—	—	—	—
241000	222000	—	—	28	3400
270000	18000	102	460000	30	3000
36344	8031	341	157861	55	3716
—	—	—	—	—	—
231955	39902	124	397796	36	2871
—	—	—	—	—	—
107098	57122	205	327147	64	33864
151769	56937	243	343536	34	4604
800000	220000	138	541500	63	5000
818754	126685	2290	775935	145	1092075
388861	315478	126	595332	31	7663
8531	3003	18	61940	4	1580
—	—	—	—	—	—
1575000	765000	196	2756000	90	2150
120656	15988	108	460000	44	2640
58904	21518	127	142753	23	1987
—	—	—	—	—	—
140000	450	2934	85000	153	16000
—	—	—	—	—	—
32	20	4	20	—	—
4100	1270	76	47500	8	365
—	—	—	—	—	—

9—4 续表 2

地区	举办辅导员培训		举办管理人员培训		举办实用技术培训		举办理论研讨经验交流	
	次数（次）	参加人数（人次）	次数（次）	参加人数（人次）	次数（次）	参加人数（人次）	次数（次）	参加人数（人次）
合计	**1240**	**97974**	**614**	**97094**	**9354**	**861253**	**1039**	**53707**
北京	—	—	—	—	—	—	—	—
天津	—	—	—	—	—	—	—	—
河北	69	1733	22	443	136	15112	17	891
山西	34	4200	15	390	52	6510	4	320
内蒙古	141	4620	50	1634	1430	147868	46	2431
辽宁	45	30000	9	464	30	10500	2	150
吉林	22	570	5	300	121	21000	9	18000
黑龙江	—	—	—	—	—	—	—	—
上海	—	—	—	—	—	—	—	—
江苏	—	—	—	—	—	—	—	—
浙江	53	2700	7	13	65	2500	34	1100
安徽	48	1248	11	619	151	35239	26	1322
福建	—	—	—	—	—	—	—	—
江西	59	3206	16	362	71	13685	24	844
山东	—	—	—	—	—	—	—	—
河南	106	13742	36	81386	457	201809	34	3512
湖北	58	2695	31	1343	276	55373	35	1641
湖南	26	3600	58	2900	50	5500	14	1680
广东	91	4399	10	390	99	7035	57	2520
广西	37	1330	16	127	820	113320	45	837
海南	15	826	7	295	63	6079	6	394
重庆	—	—	—	—	—	—	—	—
四川	235	3200	210	836	925	35600	525	7350
贵州	28	2256	2	32	3933	90453	23	1596
云南	28	951	10	158	269	57991	7	2269
西藏	—	—	—	—	—	—	—	—
陕西	125	15000	96	5340	285	25679	121	6392
甘肃	—	—	—	—	—	—	—	—
青海	2	58	—	—	11	700	2	62
宁夏	18	1640	3	62	110	9300	8	396
新疆	—	—	—	—	—	—	—	—

举办其他培训活动		举办展览		举办讲座		播放广播电视节目（次）	出版报刊（份）	开展检查指导（次）	编印宣传资料	
次数（次）	参加人数（人次）	次数（次）	参加人数（人次）	次数（次）	参加人数（人次）				种类（种）	发放份数（册）
2075	**595267**	**2946**	**4305308**	**11423**	**1350942**	**7000**	**367451**	**4201**	**33662**	**6390546**
—	—	—	—	—	—	—	—	—	—	—
—	—	—	—	—	—	—	—	—	—	—
49	36274	168	191715	134	29610	274	20000	98	308	140300
7	655	47	57150	34	9428	7	50000	24	17	52600
587	168368	194	304836	404	109298	2177	6014	433	602	396954
7	524	128	75600	122	35000	18	—	46	194	247800
24	7000	69	114000	38	8000	33	8	262	33	200000
—	—	9	3000	—	—	—	—	5	—	—
—	—	—	—	—	—	—	—	—	—	—
—	—	—	—	—	—	—	—	—	—	—
83	1300	360	290000	310	46000	150	—	—	50	10500
28	2126	179	175209	149	69435	132	1	101	147	112283
—	—	—	—	—	—	—	—	—	—	—
12	1813	78	744869	87	27579	326	1034	75	101	103766
—	—	—	—	—	—	—	—	—	—	—
112	28960	277	460317	5251	375098	461	3602	135	28305	613494
59	5934	117	308639	104	48672	56	8	99	2114	329436
21	1600	44	100000	50	23477	106	19	114	90	365200
40	8190	222	443980	564	147075	1239	98230	178	63	325950
75	80342	126	176568	91	64047	67	8265	186	198	348128
19	2773	18	17650	36	27924	54	200	55	42	57520
—	—	—	—	—	—	—	—	—	—	—
230	3070	435	2410	950	23750	529	145800	1925	984	2459000
44	2898	98	80277	2810	254290	941	34269	178	150	206465
32	1600	88	72428	27	12409	298	1	15	39	49050
—	—	—	—	—	—	—	—	—	—	—
596	220900	195	560300	234	8900	75	—	254	159	250000
—	—	—	—	—	—	—	—	—	—	—
2	170	3	1800	4	350	3	—	1	2	3000
48	20770	91	124560	24	30600	54	—	17	64	119100
—	—	—	—	—	—	—	—	—	—	—

十、中国科学技术协会2003年事业发展统计公报

中国科学技术协会2003年事业发展统计公报

（2004年7月7日）

2003年，各级科协及其所属团体，以邓小平理论和“三个代表”重要思想为指导，全面贯彻党的十六大、十六届三中全会和中国科协“六大”精神，团结动员广大科技工作者，围绕全党全国工作大局，努力克服非典疫情等困难，扎实工作，与时俱进，开拓创新，认真履行人民团体的桥梁和纽带职责，积极发挥国家推动科技事业发展重要力量和科普工作主要社会力量的作用。科协组织建设不断加强，基层组织迅速发展；学术交流活动总体规模增加；科学技术普及活动保持良好发展势头；民间国际科技交流以及建设科技工作者之家等方面取得了新的进展。

一、组织机构与人员

组织机构与人员稳定。科协系统实有机构共计6988个，比上年增加19个。四级科协实有机构3207个，比上年增加13个。其中，独立建制的机构2210个，减少23个，独立建制的机构占实有机构的68.9%。两级学会实有机构3781个，比上年增加6个。

科协系统从业人员共计48527人，比上年增加3594人，增长8%。其中，四级科协从业人员34015人，比上年增加444人；两级学会从业人员14512人，比上年增加3150人。

全国性学会个人会员重新登记后为387万人；单位会员2.6万个。省级学会个人会员400万人，单位会员10.9万个。

科协基层组织迅速发展。企业科协组织共5895个，比上年增加2204个，增长59.7%，个人会员197万人，比上年增加39万人。大专院校科协组织207个，比上年增加70个，增长51.1%，个人会员18.7万人，比上年增加5万人。街道科普协会6132个，比上年增加737个，增长13.7%。乡镇科普协会33794个，比上年增加590个，增长1.8%。农村专业技术协会99486个，比上年增加7180个，增长7.8%。

二、经费筹集和使用

经费筹集和使用总额总体增长。2003年科协系统经费筹集总额26.5亿元，比上年增长4.5%。四级科协经费筹集总额19.4亿元，占经费筹集总额的73.3%，比上年增长8.4%。其中，财政补助收入13.4亿元，占四级科协经费筹集总额的69.1%，增长19.2%。两级学会经费筹集总额7.1亿元，占经费筹集总额的26.8%，比上年下降5.0%。其中，学会活动收入2.9亿元，占两级学会经费筹集总额的40.8%，比上年下降3.7%。

科协系统经费使用总额25.0亿元，比上年增长9.7%。其中，四级科协经费使用总额19.1亿元，增长11.0%；两级学会经费使用总额5.9亿元，增长5.5%。

三、科技服务

开展多种形式的科技服务活动，为国民经济持续稳定增长作贡献。四级科协共完成“金桥工程”项目9509项，比上年减少660项。科协系统全年共完成无偿科技咨询105708项，比上年减少20882项；完成技术咨询合同56686项，比上年增加4749项；咨询合同实现金额19.5亿元，比上年减少0.1亿元。四级科协完成无偿科技咨询74695项，减少22045项；完成技术咨询合同48776项，增加7861项；咨询合同实现金额17.0亿元，增加0.2亿元。两级学会完成无偿科技咨询31013项，增加1163项；完成技术咨询合同7910项，减少3112项；咨询合同实现金额2.5亿元，减少0.3亿元。

努力为科技工作者服务，切实履行桥梁和纽带职责。科协系统全年共反映科技建议32455项。其中，四级科协反映科技建议20312项；两级学会反映科技建议12143项。四级科协共答复人大代表议案、建议和政协委员提案3870项。四级科协全年接待科技工作者来信来访56051件次。

中国科协和省级科协及其所属学会表彰奖励科技人员19379人次。其中，女性科技人员4385人次。

科协系统全年共举办培训班74977个，比上年增加2234个，上升3.1%，接受培训的人数1314万人次，减少128万人次，下降8.9%。其中：四级科协举办培训班64303个，增加2516个，上升4.1%，接受培训的人数1182万人次，减少168万人次，下降12.4%；两级学会举办培训班10674个，减少282个，下降2.6%，接受培训的人数132万人次，增加40万人次，上升43.5%。

两级学会举办技术贸易展览数量减少。全国性学会和省级学会全年共举办展览692次，比上年减少319次，下降31.6%。其中，国内展览607次，减少308次，国际展览85次，减少11次。

四、学术交流

积极开展学术交流，活跃学术思想，促进学科发展和人才成长。学术交流活动总体上增加。科协系统在境内(不含港、澳、台地区，下同)举办学术交流活动全年共计23862次，比上年增加1213次，参加人数达323万人次，比上年增加17万人次。其中，四级科协举办13307次，增加2361次，参加人数214万人次，增加39万人次；两级学会举办10555次，减少1148次，参加人数109万人次，减少22万人次。

中国科协及其所属全国性学会全年共举办境内学术交流活动2354次，比上年减少292次，下降11%，参加会议人数30.3万人次，比上年减少3.6万人次，下降10.6%。其中，举办国内学术会议2146次，比上年减少178次，参加人数265260人次，减少10925人次；国际学术会议144次，比上年减少92次，参加人数31944人次，减少28443人次；双边学术会议29次，比上年减少24次，参加人数1919人次，减少4609人次；同港澳地区学术会议7次，比上年增加5次，参加人数925人次，增加715人次；海峡两岸学术会议19次，比上年减少8次，参加人数2029人次，减少1341人次；同港澳台地区学术会议9次，比上年增加5次，参加人数989人次，增加469人次。中国科协2003年学术年会参加人数共计5000人，比上年减少1000人，交流论文2621篇，比上年减少414篇。

五、科学技术普及

形式多样的科普活动保持良好发展势头。科协系统共举办科普讲座162686次，比上年上升14.3%，听讲人数达4379万人次，上升2.6%；科普展览61264次，比上年下降3.2%，参观人数12021万人次，比上年增加1%；科普宣传68394次，比上年上升20%，参与组织和工作的人员达149万人次，比上年增加9.3万人次，上升6.7%。

2003年科技周活动的特点是科普讲座、科普宣传和科技咨询活动比上年增加，科普展览减少。全国科技周期间，四级科协及其所属学会举办科普讲座15725次，比上年增加644次，听讲人数达到634万人次，增加196万人次；科普宣传17268次，比上年增加2169次，有69万人次参与到科普宣传的组织工作中，比上年增加22万人次；开展科普咨询29401项，比上年增加6367次，参加科普咨询工作的科技专业人员22万人次，比上年增加7万人次；举办科普展览12564次，比上年减少1145次，参观人数为2503万人次，比上年减少181万人次；举办科技竞赛3047项，比上年减少537项，参赛人数702万人次，比上年增加118万人次。

科技下乡活动效率提高。科协系统组织科技下乡次数共计47216次，比上年减少6166次，下降

11.6%。其中,四级科协组织41159次,比上年减少7753次,两级学会组织6057次,比上年增加1587次。举办科普讲座、科普展览和实用技术培训班三项活动的次数共计175499次,比上年增加72612次,增长70.1%。四级科协开展三项活动161701次,比上年增加64939次。其中,科普讲座38471次,比上年增加4843次,听讲人数1126万人次,增加190万人次;科普展览18945次,比上年增加2148次,听讲人数3368万人次,增加236万人次;实用技术培训班104285次,比上年增加57948次。两级学会开展三项活动13798次,比上年增加7673次。其中,科普讲座6569次,比上年增加2669次,听讲人数136万人次,增加42万人次;科普展览583次,比上年减少20次,听讲人数78万人次,减少40万人次;实用技术培训班6646次,比上年增加5024次。举办科普咨询91223次,参与咨询的组织工作人员达58万人次。

经常性科普活动稳步发展(不包括全国科技周和科技下乡期间的活动)。全年举办科普讲座101921次,比上年增加12230次,听讲人数2484万人次,减少316万人次。其中,四级科协举办86216次,比上年增加9554次,听讲人数2201万人次,减少314万人次,两级学会举办15705次,比上年增加2676次,听讲人数283万人次,减少2万人次;科普展览29172次,比上年减少3006次,听讲人数6073万人次,增加103万人次。其中,四级科协举办26004次,比上年增加2890次,参观人数5503万人次,增加410万人次,两级学会举办3168次,比上年减少5896次,参观人数570万人次,减少307万人次;科普宣传51126次,比上年增加9107次,参与科普宣传组织工作的人员80万人次,比上年减少12万人次。其中,四级科协举办46336次,比上年增加8907次,参与科普宣传组织工作的人员74万人次,比上年增加7万人次,两级学会举办4790次,比上年增加200次,参与科普宣传组织工作的人员6万人次,比上年减少19万人次。

科协系统全年举办青少年科技竞赛5735次,2950万人次参加了科技竞赛。举办青少年科技夏冬令营1804次,参加夏冬令营的青少年达到150万人次。

六、民间国际及对港、澳、台地区科技交流

民间国际及对港、澳、台地区科技交流活动虽受非典疫情影响但总体平稳。科协系统开展与国际及对港、澳、台地区科技交流4743次,比上年增加148次,接待和派出人员52580人次,比上年减少15206人次。

中国科协及其所属全国性学会接待国外及港、澳、台地区来访科技团组共计723个,比上年减少79个,接待人数7631人次,比上年增加247人次。其中,接待国外来访团组数560个,比上年减少99个,团组人数5907人次,减少17人次;接待港澳地区来访团组数83个,比上年增加15个,团组人数949人次,增加318人次;接待台湾省来访团组数80个,比上年增加5个,团组人数775人次,减少54人次。

中国科协及其所属全国性学会派往国外及港、澳、台地区科技团组共计582个,比上年减少26个,派出人数5310人次,比上年减少1738人次。其中,派往国外团组数489个,比上年减少21个,派出人数4103人次,减少1035人次;派往港澳地区团组数57个,比上年增加13个,派出人数680人次,减少475人次;派往台湾省团组数36个,比上年减少18个,派出人数527人次,减少228人次。

七、科技传媒

科协系统全年编著科技图书共计1957种,比上年减少204种,年发行量1342万册,减少586万册;制作科技录音录像带1333种,比上年增加354种,年发行量达17万盒,增加10.7万盒;制作科技光盘7538种,比上年增加4545种,年发行量173万张,减少39万张。其中,四级科协编著科技图书共计955种,比上年减少277种,年发行量883万册,减少622万册;制作科技录音录像带1110种,比上年增加271种,年发行量达12万盒,增加8.3万盒;制作科技光盘6783种,比上年增加4722种,年发行量150万张,减少39万张。两级学会编著科技图书共计1002种,比上年增加73种,年发行量459万册,增加36万册;制作科技录音录像带223种,比上年增加83种,年发行量达5万盒,增加2.4万盒;制作科技光盘755种,比上年

减少 177 种，年发行量 23 万张，与上年持平。

中国科协及其所属全国性学会主办科技期刊 887 种，比上年增加 137 种，发行量 5447 万册，减少 2189 万册；主办科技报纸 15 种，比上年增加 4 种，发行量 3279 万份，减少 97 万册；编著科技图书 244 种，比上年减少 523 种，发行量共计 133 万册，减少 579 万册；编辑论文集 906 种，比上年减少 167 种，发行量 106 万册，减少 100 万册；制作科技录音录像带 111 种，比上年增加 65 种，发行量 4.4 万盒，增加 2.5 万盒；制作科技光盘 695 种，比上年增加 60 种，发行量 14 万张，增加 3 万张。

注：1. 各项统计数据均未包括香港特别行政区、澳门特别行政区和台湾省。

2. 本公报中科协系统仅指四级科协和两级学会。

四级科协指中国科协、省级科协、地级科协、县级科协。

两级学会指全国性学会、省级学会。

3. 学会、协会、研究会简称学会。